Der Berset-Code

Prof. Dr. med. Gregor Hasler

DER BERSET-CODE

Die Resilienz-Strategien von Alain Berset

Ein Dialog

WÖRTERSEH

Wörterseh wird vom Bundesamt für Kultur
für die Jahre 2021 bis 2024 unterstützt.

Alle Rechte vorbehalten, einschliesslich derjenigen des
auszugsweisen Abdrucks und der elektronischen Wiedergabe.

© 2024 Wörterseh, Lachen

Lektorat: Andrea Leuthold
Korrektorat: Brigitte Matern
Umschlaggestaltung: Thomas Jarzina
Foto Umschlag: Keystone/Peter Klaunzer
Layout, Satz und Herstellung: Beate Simson
Druck und Bindung: CPI Books GmbH

Print ISBN 978-3-03763-155-3
E-Book ISBN 978-3-03763-849-1

www.woerterseh.ch

*»Je planmässiger Menschen vorgehen,
desto wirksamer trifft sie der Zufall.«*

Friedrich Dürrenmatt

Inhalt

Einleitung 11

1 Entscheiden unter Stress 17
Positive Haltung gegenüber Veränderungen . . . 17
Interdisziplinäres Fachwissen einbinden 22
Entscheidungsfreude 31
Druck aushalten 35
Die Fähigkeit, mit Aggressionen umzugehen . . . 44
Zusammenfassung 54

2 Netzwerkorientierung 57
Soziale Sensibilität 57
Arbeiten im Team 60
Umgang mit Individualisten 65
Atomisierung der Gesellschaft 70
Soziale Unterstützung 77
Training in Selbständigkeit 82
Zusammenfassung 83

3 Selbstkontrolle 85
Die Ruhe im Sturm 85
Umgang mit emotionalen Ausbrüchen 88
Das Zwiebel-Modell 90
Angstmanagement 92
Selbstkontrolle und Kommunikation 95
Zusammenfassung 102

4 Neuroplastizität 105
   Mentale Ressourcen 105
   Selbstwirksamkeit 109
   Wirkung sorgfältig analysieren 112
   Neuronale Erholung 115
   Persönliches Wachstum 118
   Zusammenfassung 121

5 Der ethische Kompass 123
   Ethischer und moralischer Kompass im Vergleich . 124
   Moralisierung kann die Resilienz schwächen . . . 127
   Vorbilder für den ethischen Kompass 130
   Kohärenzgefühl 133
   Transparenz 136
   Verantwortungsbereitschaft 137
   Fairness und ethische Werte 142
   Recht und Resilienz 144
   Spasskultur 146
   Zusammenfassung 149

6 Die Kunst des Verbrennens 151
   Voller Einsatz als Erfolgsfaktor 151
   Gelassenheit 154
   Intrinsische Motivation 154
   Die Kunst der Langeweile 159
   Die Maslow-Pyramide der Bedürfnisse 160
   Lifestyle 161
   Burn-out aktiv vorbeugen 162
   Zusammenfassung 165

7 Realistischer Optimismus 167
Optimismus als pragmatische Grundhaltung . . 168
Lösungsorientierung 170
Zukunftsaussichten 172
Zusammenfassung 174

Teamwork 175
Was ist der Berset-Code?   Konklusion 177
Jenseits des Berset-Codes   Nachwort 178

Verdankung 180

Anhang
TIMELINE – Coronavirus EDI **2020–2022** 182

Einleitung

Seit vielen Jahren widme ich mich dem Thema Resilienz. Der Begriff meint die persönliche Widerstandskraft, um Stress und Krisen zu überstehen. In einer Zeit, in der sich immer mehr Menschen gestresst fühlen, ist dies von grösster Wichtigkeit. Im Jahr 2018 veröffentlichte ich das Buch »Resilienz: Der Wir-Faktor«, in dem ich unter anderem eine Pandemie als möglichen Stressfaktor diskutierte. Am 15. August 2020 luden mich der damalige Bundesrat Alain Berset und sein Team zu ihrer Retraite ein, um einen Vortrag über Resilienz zu halten. Daraus entwickelte sich eine Zusammenarbeit rund um das Thema Widerstandskraft, die bis Ende August 2023 andauerte. Art und Inhalte dieser Kontakte fallen unter das Berufsgeheimnis.

Aus meiner Lehrtätigkeit an der Universität und bei Fortbildungen weiss ich, wie herausfordernd es sein kann, Konzepte über Resilienz anschaulich und fesselnd zu vermitteln. Die Herausforderungen, mit denen Alain Berset als Gesundheitsminister während der Coronapandemie konfrontiert war, boten eine einmalige Gelegenheit, ein praktisches und anschauliches Buch über Resilienz zu verfassen. Deshalb bat ich ihn nach seinem Rücktritt aus dem Bundesrat, mit mir einen Dialog über Resilienz zu führen. Er sollte die Grundlage für dieses Buch werden. Unsere Gespräche fanden von Januar 2024 bis Mai 2024 statt.

Der Berset-Code Mit diesem Begriff meine ich die Prinzipien, Strategien oder Verhaltensweisen, die Alain Berset halfen, seine psychische Widerstandsfähigkeit zu stärken. Er umfasst Techniken zur Bewältigung einer grossen und komplexen Aufgabe, von Unsicherheit und sozialem Druck sowie von existenziellen Bedrohungen.

Vom Austausch mit Alain Berset während und nach der Pandemie lernte ich viel. Immer waren es Gespräche auf Augenhöhe. Wenn ich ihn unterbrach, ihn kritisierte oder ihm widersprach, hörte er aufmerksam zu. Ich beobachtete, wie meine Bemerkungen ihn berührten, und sah seine Reaktion darauf – sei es Erstaunen, Eingeständnis, Entgegnung oder Humor. Seine Widerstandsfähigkeit zeigte sich direkt im Gespräch.

Vom offiziellen Politiker Alain Berset war wenig zu spüren. Ich sprach auch nicht mit einem extravertierten Selbstdarsteller. Der Vorsteher des Eidgenössischen Departements des Innern erinnerte vielmehr an einen Schiffskapitän, der auf der Brücke seine Arbeit sehr ernst nahm, um mithilfe von Kompass, Checklisten, Echolot und Wetterradar das Schiff sicher zu steuern. Sein Wesen hatte nichts mit Glamour zu tun, sondern viel mit Kontrolle und Perfektion.

Ich möchte an dieser Stelle betonen, dass der Bundesrat während der Coronapandemie in einer äusserst schwierigen Lage war, da er in unserem politischen System die Verantwortung für das Gemeinwohl trug. Eine solche Belastung hat es seit dem Zweiten Weltkrieg nicht mehr gegeben. Die politischen Spannungen äusserten sich unter anderem in Morddrohungen gegen Politikerinnen und Politiker.

In diesem Buch geht es mir nicht darum, Alain Berset politisch herauszufordern oder ihn auf die Couch zu legen, um dunkle, unbewusste Wünsche und skandalöse Geheimnisse ans Licht zu bringen. Es ist auch nicht am Rande ein Buch über Strategien der Krisenbewältigung. Und auch nicht ein Buch über Alain Bersets Gesundheitspolitik, mit der ich als Arzt und Psychiater nicht glücklich war. Vielmehr handelt das Buch von der persönlichen Stärke, die mich an Alain Berset am meisten beeindruckte: von seiner Fähigkeit, über Monate und Jahre hinweg schier unvorstellbaren Druck und Belastungen ohne längere Erholungszeiten auszuhalten.

Ich durfte in Echtzeit miterleben, wie ein belastbarer Mensch bei seiner Tätigkeit und im Privatleben Stress, Unsicherheit und Komplexität bewältigt. Dabei fragte ich mich als Neurowissenschaftler oft, was in Bersets Gehirn vor sich ging. Um einen Eindruck vom Arbeitsvolumen und vom medialen Druck, dem Alain Berset ausgesetzt war, zu vermitteln, habe ich am Ende dieses Buches ab Seite 181 die »Timeline Coronavirus« beigefügt. Diese Zusammenstellung fasst die wichtigsten Aktivitäten des Eidgenössischen Departements des Innern während der Pandemie zusammen.

In Kenntnis des intuitiven Resilienzwissens von Alain Berset – das mir aus unserer Zusammenarbeit während der Pandemie bekannt war – wählte ich sieben wissenschaftlich bekannte Resilienzfaktoren aus, die dieses Wissen am besten abbilden. Diese Faktoren dienten mir dazu, die Gespräche mit Alain Berset zu strukturieren und seine Aussagen mit wissenschaftlichem Resilienzwissen zu ergänzen und einzuordnen. Jeder dieser Faktoren bildet ein Kapitel in diesem Buch, durch das die Lesenden einerseits ein tieferes Verständnis für Resilienz erhalten und andererseits praktische Ansätze für ihren Alltag finden.

Der erste Faktor beschreibt die Notwendigkeit, unter Stress die Kontrolle zu bewahren, Entscheidungen nicht aufzuschieben oder zu meiden und sich nicht von impulsiven Stressreaktionen leiten zu lassen. Sogar das Abwarten und Nichtstun sollte eine bewusste Entscheidung sein.

Der zweite Faktor hebt die grosse Bedeutung von sozialen Beziehungen in stressreichen Zeiten hervor. Der Dialog zeigt auf, wie riskant es in einer Krise sein kann, sich sozial zurückzuziehen und den Kontakt zu anderen zu meiden, da gerade unter Druck das Netzwerk aus Unterstützern und Individualisten unverzichtbar ist.

Der dritte Faktor behandelt die Selbstkontrolle und die Kontrolle über die Umgebung, etwa mittels geeigneter Kommunikation, weil ein gutes Mass an Kontrolle eine zentrale Fähigkeit ist, um resilient und erfolgreich zu sein. Alain Berset betont, dass echte Kontrolle situativ ist und nicht durchgehend aufrechterhalten werden kann. Wichtig sind Pausen zum Nachdenken und Regenerieren, die es erlauben, in entscheidenden Momenten einen klaren Kopf zu behalten.

Alain Berset hat die Begabung, selbst unter chronischem Stress Lösungen zu entwickeln und Prioritäten neu zu ordnen. Diesen vierten Faktor nenne ich »Neuroplastizität«, also die Fähigkeit des Gehirns, aus anhaltendem Stress zu lernen und sich anzupassen.

Beim fünften Faktor geht es um die Bedeutung eines starken ethischen Kompasses, weil die Bereitschaft, Verantwortung zu übernehmen und in Einklang mit den eigenen Grundwerten zu handeln, entscheidend ist, um Krisen unbeschadet zu überstehen.

Der sechste Faktor bezieht sich auf die positiven Gefühle und die Inspiration, die insbesondere unter Druck zentral für die Bewältigung sind, wenn negative Emotionen durch die Stressreaktion dominieren.

Der letzte Faktor – der realistische Optimismus – ist für Alain Berset ein pragmatisches Werkzeug, das hilft, auch in schwierigen Zeiten Lösungen zu finden.

Die Wiedergabe des Dialogs schliesslich habe ich entlang wissenschaftlich fundierter Resilienzfaktoren strukturiert. Fachwörter der Resilienzforschung und wissenschaftliche Zusammenhänge erkläre ich in Boxen, die in das Gespräch eingeschoben sind. Die Untertitel strukturieren es und beziehen sich auf einzelne Elemente des Berset-Codes, die am Ende jedes Kapitels zusammengefasst sind.

Und: Auch in diesem Buch äussert sich Alain Berset nicht zu den Ereignissen, die in der Öffentlichkeit gelegentlich als »Skandale« um seine Person dargestellt wurden. Die Strategie der Nichtstellungnahme zu solchen Vorwürfen ist, wenn sie nicht stichhaltig sind, ein wesentlicher Bestandteil des Berset-Codes und wird in diesem Buch erklärt.

Gregor Hasler, im Sommer 2024

1 Entscheiden unter Stress

Panikreaktionen und das Erstarren wie ein Reptil sind typische Stressreaktionen, die oft zu ungünstigen, überstürzten oder falschen Entscheidungen führen. Diese Reaktionen haben sich entwickelt, um akute Gefahren zu überleben wie etwa den Angriff eines Raubtiers. Sie sind jedoch nicht geeignet, um anhaltenden Stresssituationen standzuhalten wie einer Pandemie, einer Wirtschaftskrise, unberechenbaren Eltern oder einem angsterfüllten Arbeitsumfeld.

Unser Gehirn ist nicht optimal darauf ausgelegt, mit andauerndem, diffusem Stress umzugehen. Solcher chronische Stress ist häufig eine Hauptursache für Fehlentscheidungen, Entscheidungsunfähigkeit oder stressbedingte Krankheiten. Langfristiger Stress kann das rationale Denken beeinträchtigen und zu gesundheitlichen Problemen wie Bluthochdruck, Herzkrankheiten und mentalen Störungen führen.

Positive Haltung gegenüber Veränderungen

Gregor Hasler   Herr Berset, als Bundesrat und Gesundheitsminister haben Sie in der Coronapandemie eine Zeit grosser Unsicherheit aushalten müssen. Was hat Ihnen dabei geholfen?

Alain Berset   Im Umgang mit Unsicherheit hat es mir geholfen, einen weiten Blick zu versuchen, der die Gesamtsituation erfasst. Ich habe immer wieder Situationen erlebt, in denen zahlreiche Parameter nicht direkt kontrollierbar waren. Es ist ja immer wieder unmöglich, alles zu verstehen, vieles bleibt ungewiss. Doch in der Bewegung, in der dynamischen Seite der Situation, hat man die Möglichkeit, Parameter in eine bestimmte Richtung zu pushen.

GH Das tönt nach viel Dynamik und wenig Sicherheit. Ich persönlich bevorzuge das Verlässliche und Bewährte, die wissenschaftliche Evidenz. Deshalb bin ich Arzt und Forscher geworden und nicht Künstler oder Fantasy-Buch-Autor. Im Gegensatz zur Wissenschaft, wo ein scharfer Fokus der Schlüssel zum Erfolg ist, war es für Sie in Ihrer Krisenbewältigung wichtig, einen weiteren Blick zu haben, da man sich nicht auf wenige Faktoren konzentrieren kann. Doch kritisch hinterfragt: Besteht bei diesem Mangel an Fokus und Konkretisierung nicht die Gefahr von beliebigen Entscheidungen?

AB Folgendes habe ich in der Politik gelernt: Es ist wichtig, nicht den Versuch zu unternehmen, alles Ungewisse klären und vollständig verstehen zu wollen – das ist unrealistisch. Vielmehr muss man versuchen, die Entwicklung zu verstehen und herauszufinden, welche Parameter man am ehesten beeinflussen kann. Der Gesamtbundesrat und mein Team, alle haben das damals intuitiv gemacht.

GH Für mich als Wissenschaftler löst das Denken aus dem Bauch heraus nicht nur Begeisterung aus. Ihre Aussage erinnert mich jedoch an die zentrale Botschaft der Stoa – der antiken Lehre zur Resilienz –, klar zwischen dem zu unterscheiden, was wir verändern können, und dem, was wir nicht kontrollieren können.

AB Ja, genau. Dieser Grundsatz ist jedoch auf eine Entwicklung anzuwenden, ist nicht statisch. Wir betrachten die Ausgangslage, verfolgen die Entwicklung und beurteilen den Einfluss, den wir auf den Fortgang ausüben konnten. Bei jeder Massnahme und bei jedem Entscheid haben wir uns immer gefragt: Ist die Folge davon »neutral oder eher positiv« oder ist sie »neutral oder eher negativ«? Wir wollten stets sicherstellen, dass die Massnahme eher positiv oder neutral ist, das heisst, dass sie keinen Schaden anrichtet. Nur solche Massnahmen kamen infrage. Wenn wir eine Massnahme nur als neutral oder gar als potenziell negativ einstuften, schien es uns besser, sie nicht umzusetzen.

GH Nun ist auch die Beurteilung einer Massnahme nie sicher. Die Ungewissheit betraf ja nicht nur die Gefahr des Virus, sondern jede einzelne Massnahme gegen das Virus.

AB Korrekt, man kann nicht warten, bis alles eindeutig ist, man muss handeln. Wir konnten nicht ewig beobachten. Unmittelbar vor der Entscheidung mussten wir den Sprung wagen und loslassen. Das Loslassen habe ich während meiner Dissertation gelernt. Ich habe gesehen, dass es Menschen gibt, die an ihrer Dissertation kleben, über viele Jahre, weil sie ein perfektes Werk abliefern wollen. Jemand hatte mir dazu einmal gesagt, dass eine Dissertation nicht perfekt sein wird, dass sie nicht perfekt sein muss. Ihre Fertigstellung gleicht eher einer Etappe, bei der man einen Endpunkt bewusst wählen muss. Dieses Loslassen ist bei jeder Entscheidung wichtig.

GH In Sachen Dissertation teile ich Ihre Meinung nicht. Ich lese gerne durchdachte und ausgereifte wissenschaftliche Beiträge. Ich gebe Ihnen recht, dass Perfektionisten im Durchschnitt weniger resilient sind als Menschen, die auch mal eine Fünf gerade sein lassen. Können Sie ein anderes Beispiel nennen, bei dem Perfektion ein Problem darstellen kann?

AB Die Beendigung der Pandemie ist ein gutes Beispiel. Eine Pandemie hört dann auf, wenn es jemand mit Autorität behauptet. Aber klar, diese Behauptung muss im richtigen Zeitpunkt kommen, nämlich dann, wenn die Pandemie unter den politischen Radar fällt. Das ist immer künstlich, denn man kann den Radar politisch beeinflussen. Die Pandemie ist auch jetzt da, wo wir zusammen reden. Aber – wenn man entschieden hat, dass die Pandemie vorüber ist, muss man loslassen.

GH Und nach dem Loslassen? Kamen nicht gelegentlich Zweifel an den »losgelassenen« Entscheidungen auf?

AB Ja klar, dies hat mit der Dynamik der Situation zu tun. Das Loslassen funktioniert nur für einen Moment. Danach verändert sich die Situation von Minute zu Minute. Ich kann mich sehr gut an die Zeit zwischen Weihnachten und Neujahr 2021 erinnern, als die Unsicherheit um die Entwicklung der Omikron-Variante am grössten war. Ich war in einem Chalet in den Bergen und habe die Situation jeden Vormittag und Nachmittag verfolgt. Ich wollte sicherstellen, dass wir unsere Strategie nicht korrigieren mussten.

GH Sie betonen die Ungewissheit in der Politik und auch eine gewisse Willkür in den Entscheidungen, selbst bei der Beendigung der Pandemie. Kann man diese Unsicherheit in der Beurteilung offenlegen? Löst das nicht Angst aus?

AB Viele Politiker und Führungspersonen vermitteln in Situationen grosser Unsicherheit den Eindruck, dass sie alles verstehen und alles meistern können. Ich mache das nicht und habe immer klar gesagt, dass ich auch nicht sicher bin, ob jeder Entscheid richtig ist. Ein solches Vorgehen relativiert die Macht des Entscheids im Wissen, dass man ihn immer später korrigieren kann. Ich habe immer gesagt: Es ist unmöglich, alles zu wissen, und wenn jemand mehr weiss als ich, bin ich interessiert, von ihr oder ihm zu lernen. Aber ich musste trotzdem etwas tun, auch wenn ich nicht alle Antworten hatte. Es war meine Verantwortung als gewählter Bundesrat, Entscheidungen zu treffen und zu vertreten. Transparent zu kommunizieren, wie man entscheidet, stösst auf Zustimmung bei den Menschen, weil sie erkennen, man nimmt die ganze unsichere Situation ernst. Was auch der Fall ist, ich beschönige nicht, ich vermittle nicht den Eindruck, alles zu wissen.

GH Haben Sie diese Haltung zur Transparenz in der Pandemie entwickelt?

AB Nein, ich habe schon immer mit Zweifeln gearbeitet und nicht gegen sie angekämpft. Ich bezweifle praktisch alles. Zweifel stimulieren meine Kreativität. Das hat mit Bewegung zu tun, mit meiner Sympathie für Bewegung, der dynamischen Seite der Politik. Natürlich ohne die Kohärenz zu verlieren – oder vielmehr mit dem dauernden Bemühen darum, die Kohärenz nicht zu verlieren. Diese beiden Elemente, die Überzeugung, dass Ungewissheit eine Realität ist und dass Leben Bewegung bedeutet, waren für mich als Ausdauersportler eine gute Ausgangslage, um die Pandemie zu bewältigen.

Interdisziplinäres Fachwissen einbinden

Das psychologische Dilemma von Expertinnen und Experten
Im Alltag, beispielsweise im Umgang mit einem unberechenbaren Chef oder einem launischen Ehepartner, müssen wir die sozialen Gefahren durch eigene Erfahrung und Intuition abschätzen. In der Pandemie gab es zum Glück die wissenschaftliche Forschung, die half, eine empirische Grundlage für politische Entscheidungen zu schaffen. Dadurch kamen Wissenschaftlerinnen und Wissenschaftler plötzlich in die Lage, als Experten öffentlich Stellung nehmen und die Politik beraten zu können. Dies beinhaltete verschiedene Herausforderungen: die dürftige Datenlage, die eine wissenschaftlich solide Einschätzung oft gar nicht erlaubte, die vielen unterschiedlichen Risiken, welche die Kompetenz eines oft sehr eingegrenzten Fachgebiets überstiegen, der Bedarf nach zukunftsorientiertem prognostischem Wissen, das oft nicht die Kernkompetenz von Forschenden ist, und schliesslich die komplexen Interaktionen mit den Medien, die alarmierende Meldungen den positiven vorzogen.

Ausserdem gibt es auch Studien, die aufzeigen, dass Expertinnen und Experten, die angsteinflössende Aussagen machen, im Durchschnitt kompetenter erlebt werden als solche, die ein Risiko eher als gering einschätzen, was wiederum einen Einfluss auf ihr Selbstvertrauen hat. Dazu kam noch die Herausforderung, dass die Öffentlichkeit und die Medien von den Wissenschaftlerinnen und Wissenschaftlern Entscheidungen oder Entscheidungsempfehlungen erwarteten. Der Verzicht, solche Empfehlungen öffentlich auszusprechen, weil dies nicht zu ihrer Aufgabe gehörte, war für viele von ihnen eine grosse Belastung.

GH Sie sagten einmal, dass Sie zu Beginn der Pandemie die Wissenschaft überschätzt haben. Was meinten Sie damit?

AB Zuerst möchte ich klarstellen, dass sich im Verlauf der Pandemie eine sehr gute Zusammenarbeit zwischen Politik und Wissenschaft entwickelt hat. Einen so engen Austausch hat es meines Wissens wohl noch nie gegeben. Den Wissenschaftlerinnen und Wissenschaftlern verdanken wir zu einem sehr grossen Teil die gelungene Bewältigung der Pandemie. Vor allem am Anfang gab es Momente, die ich als problematisch erlebte.

Es gibt in der Schweiz eine Vielzahl von Expertinnen und Experten, sie kommen aus der Epidemiologie, der Virologie und anderen Fächern, die alle über eine relevante Expertise verfügen. Viele dieser Personen haben sich von Anfang an zurückhaltend verhalten, und nur eine kleine Gruppe von Opportunisten hat die Pandemie ausgenützt, um mehr Sichtbarkeit für eigene Ideen zu erhalten. Ich nehme an, aus guten Absichten. Es gab zuerst eine grosse Vielfalt an Einschätzungen, und man hörte dann oft nur von den Personen, die sehr pessimistische Szenarien verbreiteten. Das führte am Anfang zu einem Chaos. Dann haben wir gelernt, die Zusammenarbeit mit der Wissenschaft besser zu organisieren, und eine Science-Taskforce mit Epidemiologen, Virologen und Ethikerinnen gebildet, ausserdem eine Wirtschafts-Taskforce und eine Zivilgesellschafts-Taskforce. Später hat sich daraus eine Kerngruppe gebildet, in der alle Expertisen zusammenkamen.

Diese Science-Taskforce, die viele Expertinnen und Experten vereinte, hat hervorragend und beispielhaft gearbeitet. Ihre Existenz hatte auch den Vorteil, dass diejenigen, die in der Taskforce waren, sich an der Gruppenarbeit beteiligt, Gruppenaussagen unterstützt und sich an den Positionen der Taskforce orientiert haben – oder sie waren nicht mehr Mitglied der Science-Taskforce und durften dann auch nicht mehr in dieser Funktion ihre Meinung äussern. Einige haben sich zwar nicht an diese Regeln gehalten, aber der Start mit der chaotischen Kommunikation konnte so überwunden werden.

GH Sie beschreiben Techniken des Krisenmanagements. Ein Befund aus der Resilienzforschung ist, dass eine gute Vorbereitung ein wichtiger Schlüssel für persönliche Widerstandskraft ist. Sie betonen aber auch immer wieder die klare Rollenteilung von Wissenschaft und Politik. Warum diese klare Trennung?

AB Mir fiel auf, dass die Wissenschaftler von Beginn weg sehr klare und eindeutige Aussagen machten, die für mich mit der Ungewissheit der Situation nicht immer zusammenpassten. Mir fehlten die Zweifel. Ich kam zum Schluss, dass es für die Expertinnen und Experten viel einfacher war, die Pandemierisiken als gross einzuschätzen und harte Massnahmen zu empfehlen, weil sie selber nicht die Verantwortung dafür übernehmen mussten. Und wenn nichts passierte, konnten sie behaupten, dass dank den Massnahmen nichts passiert war. Wenn aber trotz Massnahmen etwas Schlimmes passierte, konnten sie sagen, dass die Massnahmen zu spät und zu wenig vehement durchgesetzt worden waren.

Wenn man als wissenschaftlicher Experte immer auf der sicheren Seite stehen will, kann man möglichst frühe und möglichst starke Massnahmen verlangen, weil man für deren soziale und politische Folgen nicht in der Verantwortung steht. Diese Beobachtung bestärkte mich in der Überzeugung, dass die Rollen der Politik und der Wissenschaft in einer Pandemie grundsätzlich verschieden sind, weil die jeweilige Verantwortung eine ganz andere ist. Das habe ich immer wieder betont.

GH   Wurde dies Rollenteilung von den Expertinnen und Experten akzeptiert?

AB   Sie haben mich nie gezwungen, etwas gegen meinen Willen zu tun, das hätten sie auch gar nicht gekonnt. Aber ja, in der allerersten Phase gab es solche Konflikte. Ich erinnere mich an ein Treffen im März 2020 mit kantonalen Regierungsvertretern aus den französischsprachigen Kantonen. Jeder brachte einen Experten oder eine Expertin mit. Diese Experten waren sich einig, dass die Situation absolut schrecklich war und dass man eine rigorose Ausgangssperre verhängen müsste. Ich habe dann provokativ gefragt: »Sollten wir nun die Armee auf die Strasse schicken, um sicherzustellen, dass niemand das Haus verlässt?« Zu meinem Erstaunen sagten diese Experten: »Ja, genau das müssen Sie tun.«

Das zeigte mir, dass sie unter grossem Stress und angesichts einer grossen Ungewissheit zu Extremaussagen neigten. Meine Skepsis gegenüber so drastischen Massnahmen hat auch mit der Realität der Schweiz zu tun. Ich stellte fest, dass zahlreiche Personen keine genaue Vorstellung von der Schweizer Durchschnittsbevölkerung hatten. Sie dachten, dass man im Garten oder auf dem Balkon frische Luft tanken könnte. Ich musste ab und zu daran erinnern, dass die Mehrheit der Menschen in unserem Land keinen Garten hat und dass sogar ein nicht unwesentlicher Teil in kleinen Wohnungen ohne Balkon lebt. Wer Massnahmen entscheidet, muss Realitäten kennen. Massnahmen werden nur umgesetzt, wenn sie umsetzbar und nachvollziehbar sind. Zu strenge Massnahmen können ihr Ziel verfehlen.

GH   Neben der fehlenden umfassenden Expertise und den persönlichen Faktoren, die dazu führen, dass Wissenschaftler eher zu starken als zu milden Massnahmen neigen, gab es weitere Schwierigkeiten bei der Integration wissenschaftlicher Befunde in Ihre Entscheidungsfindung?

AB Zuerst möchte ich betonen, dass ich etwas Zeit brauchte, um herauszufinden, wo die Expertinnen und Experten mich am meisten unterstützen konnten, weil die wissenschaftlichen Grundlagen nicht immer halfen, rasch politische Entscheide vorzubereiten und zu treffen. Ein Beispiel: Die Reproduktionszahl, also der R-Wert, gibt an, wie viele Menschen eine infizierte Person in einer bestimmten Zeiteinheit in der Vergangenheit ansteckte. Der R-Wert eignet sich, die Dynamik in der Vergangenheit zu verstehen, aber nicht dafür, die weitere Entwicklung abzuschätzen. Man kann ihn erst nach zwei bis drei Wochen präzise bestimmen. Die Analyse der Vergangenheit half mir und meinem Team nicht, von Tag zu Tag Entscheidungen für die Zukunft zu treffen und diese zu korrigieren.

GH Wie sind Sie mit dieser Ungewissheit in Bezug auf die Zukunft umgegangen?

AB Wir haben auch eine eigene Methode entwickelt, und ich musste mich entscheiden, auf welche von all den vielen Informationen zur Pandemie ich meine Entscheidungen stützen sollte. Als zentrale Parameter ergaben sich die neuen Fälle, die Anzahl Fälle insgesamt, die Anzahl der durchgeführten Tests und die Resultate der gemachten Tests. Weil es starke Unterschiede zwischen den einzelnen Wochentagen gab, konnten wir den Montag nicht mit dem Dienstag vergleichen, sondern den Montag immer nur mit einem anderen Montag und den Dienstag mit einem anderen Dienstag. Das war auch eine Folge der Meldemethoden und der Test-Verfügbarkeiten. Ich habe die erwähnten

Zahlen bestellt und sie jeden Tag als Excel-Tabelle erhalten. Das war sehr pragmatisch und wenig wissenschaftlich, aber ziemlich effizient. Meine Methode ist viel weniger präzis als der R-Wert, sie erlaubte uns aber, viel schneller eine Tendenz zu sehen, als wenn wir nur den R-Wert beachtet hätten. Mit dieser Methode konnte ich zum Beispiel feststellen, dass die angekündigte Katastrophe zwischen Weihnachten 2020 und Neujahr 2021 nicht stattfand.

Wissenschaft versus Intuition Es ist wichtig, die Methoden, die Führungspersonen als nützlich erachten, wissenschaftlich genauer zu untersuchen. Ansätze dazu gibt es. Gerd Gigerenzer, der renommierte deutsche Entscheidungsforscher, fand in seinen Studien heraus, dass komplexe, wissenschaftlich basierte Entscheidungsstrategien oft daran scheitern, dass sie sich zu stark an der Rückschau orientieren. Er stellte fest, dass sich für Prognosen oft einfache Regeln bewähren, die sich auf die besten Anhaltspunkte verlassen und dabei genau die wichtigen Informationen »erwischen«. Das Vorgehen von Alain Berset und seinem Team hingegen erinnert mich an Warren Buffett, einen der erfolgreichsten Investoren der Welt, der komplexe Finanzanalysen nicht studiert, sondern seine eigenen Prognoseinstrumente entwickelt hat. Eines seiner Instrumente orientiert sich an den Waren, die mit Zügen transportiert werden, was ein einfacher und objektiver Indikator der wirtschaftlichen Aktivität sei, wie er meint.

GH Als Wissenschaftler macht es mir Sorgen, dass die Praktiker ihre eigenen, ungeprüften Methoden entwickeln. Verstehen Sie meine Sorge?

AB Ja, natürlich. Die Probleme haben auch damit zu tun, dass die Wissenschaft fast nur in Rahmen von Peer-Reviews, also von wissenschaftlichen Kollegen, Kritik bekommt. Es besteht keine Tradition für eine Kritik von aussen, was vor allem ein Problem für die Wissenschaft selbst ist. Ich bin keineswegs kritisch gegenüber der Wissenschaft eingestellt und bin der Meinung, dass die Politik vermehrt auch wissenschaftliche Erkenntnisse berücksichtigen muss. Die Integration der Wissenschaft und der Expertinnen war in der Pandemie entscheidend. Die Wissenschaft hat unglaublich viel geleistet, und ich habe viel gelernt. Die Zusammenarbeit hat nach Anfangsschwierigkeiten sehr gut funktioniert, und zwar mit hohem gegenseitigem Vertrauen. Ich habe viel über die Wissenschaft gelernt, und ich glaube auch, dass die Wissenschaftler viel über Politik gelernt haben. Wir sind zusammengewachsen.

Wichtig ist, dass man sich einig ist über die unterschiedlichen Rollen und dass die Wissenschaft ihre Empfehlungen in Szenarien formuliert. Die Entscheide über die Massnahmen sind mit einer Verantwortung verbunden. Sie liegen klar in der Verantwortung der Politik. Die Wissenschaftler können zwar Massnahmen vorschlagen, aber für deren Akzeptanz in der Bevölkerung, deren Umsetzung und die damit verbundenen Gefahren sind sie oft keine Experten. Massnahmen haben nicht nur gesundheitliche und wirtschaftliche Konsequenzen, sondern auch gesellschaftliche Folgen, was sich beispielsweise beim Zugang zur Bildung für Kinder zeigen kann. Die Konsequenzen, die sich aus Massnahmen ergeben, können gewaltig sein.

Die Bewältigung der Pandemie war rückblickend gesehen viel mehr als die Eindämmung des Virus. Wir mussten alles berücksichtigen, auch die möglichen gesellschaftlichen Folgen der Massnahmen. Es ging darum, eine Balance zwischen allen Gefahren zu finden, mit einem Sinn für das, was mehrheitsfähig ist und was nicht. Nur wenn wir diese Balance gefunden hatten, wurden die Massnahmen auch tatsächlich umgesetzt. Zu weit zu gehen mit Massnahmen, kann kontraproduktiv sein.

GH Akademische Freiheit ist für mich von unschätzbarem Wert. Sie schützt die Wissenschaft vor Vereinfachungen und Missbrauch und bildet die Grundlage für wissenschaftliche Werte wie Präzision, Klarheit und Überprüfbarkeit. Aus der Wissenschaftsfreiheit entstehen aber auch Pflichten, darunter die Bereitschaft, mit anderen in einen Diskurs zu treten. Ich teile Ihre Meinung, dass die intensive Zusammenarbeit zwischen Politik und Wissenschaft ohne persönlichen regelmässigen Austausch und gegenseitigen Respekt nicht möglich ist.

AB Ja, wir haben sehr viele Sitzungen mit der Science-Taskforce gehabt, vielleicht fünfzig oder mehr in der ganzen Pandemie, teilweise online, aber immer wieder auch physisch. Bei diesen Sitzungen waren auch das BAG, also das Bundesamt für Gesundheit, und die Vertreterinnen der Kantone einbezogen. Zudem gab es einen sehr engen, fast täglichen Austausch zwischen der Science-Taskforce und meinem Team. Unter den Wissenschaftlerinnen und Wissenschaftlern gab es nicht nur Expertinnen und Experten der Epidemiologie, sondern auch der Ethik, der Soziologie und der Ökonomie. Ich habe immer wieder die unterschiedlichen Rollen von Wissenschaft und Politik betont und mir auch die Freiheit herausgenommen, den Ratschlägen der Experten nicht zu folgen.

GH Können Sie ein Beispiel nennen?

AB Ich erinnere mich gut, dass im Dezember 2021, einen Monat nach dem Erscheinen von Omikron, die Experten davon ausgingen, dass wieder eine Katastrophe eintreten würde und man deshalb alles wieder schliessen müsse. Es gab Horrormeldungen aus Südafrika, dass bei dieser Variante auch Kinder im Spital behandelt werden mussten. Die erste Reaktion in Europa war, alles wieder zu schliessen. Wir sind dieser Empfehlung nicht gefolgt, haben aber die Flüge aus Südafrika blockiert – was wahrscheinlich nicht viel gebracht hat, das ist schwierig zu beurteilen.

Mir haben damals nicht nur solche Horrormeldungen, sondern auch die zum Teil sehr einschneidenden Massnahmen, die im Ausland getroffen wurden, Sorgen gemacht, weil sie den Druck verstärkten, auch in der Schweiz wieder drastische Massnahmen zu veranlassen. Etwa Mitte Dezember 2021 einigte sich die Science-Taskforce auf harte Massnahmen. Auch das BAG war der Ansicht, dass die Massnahmen verschärft werden müssten. Trotzdem habe ich mich ihren Empfehlungen widersetzt. Ich war damals ziemlich allein, denn die Menschen waren überall zunehmend verunsichert. Ich spürte einen starken Gruppendruck, was wiederum meine Zweifel verstärkte. Der Bundesrat aber unterstützte mein zurückhaltendes Vorgehen, und wir konnten harte Massnahmen vermeiden.

GH Wie ich es verstehe, waren die widersprüchlichen Meinungen und der Gruppendruck, den Sie wahrgenommen haben, eine Quelle von Verunsicherung und Stress, und Sie haben in diesem Fall den sozialen und politischen Risiken der vorgeschlagenen Massnahmen eine grosse Bedeutung beigemessen. Wie haben die Experten darauf reagiert, dass ihre Empfehlungen nicht umgesetzt wurden?

AB Leider wurde in der Öffentlichkeit jede Abweichung als harsche Kritik an der Wissenschaft gesehen. Das war aber nicht so gemeint. Ich habe den Austausch mit der Wissenschaft immer sehr geschätzt. Ich habe auch keinen Minderwertigkeitskomplex gegenüber der Wissenschaft. Das hat vielleicht mit meiner akademischen Ausbildung und mit meiner früheren Tätigkeit in der akademischen Forschung zu tun. Wenn ich etwas nicht verstehe, kann es daran liegen, dass ich blöd bin, aber auch daran, dass die Wissenschaftler es zu wenig gut erklärt haben. Es war ein Austausch auf Augenhöhe, und das gegenseitige Verständnis für abweichende Entscheide stieg im Lauf der Pandemie. Was nicht selbstverständlich ist. Es gab auch ausserhalb der Science-Taskforce Wissenschaftler, die die Herausforderungen der Politik nicht wirklich verstehen wollten. Wir haben uns immer gegenseitig sehr gut zugehört, und ich habe die Science-Taskforce übrigens auch immer wieder verteidigt, gerade in Momenten, wo es harte Kritik an ihr gab.

Entscheidungsfreude

Entscheidungsfindung bei Unsicherheit In der wissenschaftlichen Entscheidungstheorie spricht man von »decision-making under uncertainty«, Entscheidungsfindung bei Unsicherheit. Neurowissenschaftliche Studien belegen, dass diese Aufgabe für das Gehirn eine grosse Herausforderung darstellt, was sich daran ablesen lässt, dass bei solchen Entscheidungen grosse Teile der grauen Rinde beteiligt sind und dass solche Entscheidungen viel Energie rauben. Verhaltensstudien weisen darauf hin, dass es eine Illusion ist, zu glauben, dass es in komplexen Situationen mit unterschiedlichen Risiken, die dazu noch unterschiedlich sicher sind, und der Möglichkeit von »unknown unknowns«, also unbekannten Risiken, eine strikt mathematisch-wissenschaftliche Methode der Entscheidungsfindung gibt. Ganz anders verhält es sich bei klar umschriebenen Risiken, wie beispielsweise der Gefahr von Lebensmittelvergiftungen, bei denen den Fachleuten mehr Kompetenzen eingeräumt werden.

GH Sie haben bereits erwähnt, dass Sie für Ihre Entscheidungsfindung letztlich ein paar wenige Parameter verwendet haben. Wie halfen Ihnen diese, sich zu entscheiden?

AB Ich habe in der Politik immer auch intuitiv entschieden, Bauchgefühle sind wichtig. Damit meine ich aber nicht, irgendwelche Einflüsse aufzunehmen und darauf zu reagieren. Es ist eher die Fähigkeit, aufgrund eines generellen Bildes, basierend auf der Summe früher gemachter Erfahrungen, eine Idee zu entwickeln. Wenn ich hier zehn Sekunden stehen bleibe und den Blick schweifen lasse, erhalte ich doch viele Informationen aus der Umgebung. Das gibt mir einen Eindruck vom ganzen Raum. So ist die Politik. Ich kann nicht alles verstehen, aber ich kriege doch mit der Erfahrung ein Gefühl für die Situation.

Ich habe versucht, eine Definition dieser Art von Intuition zu finden. Beim französischen Philosophen Henri Bergson habe ich Ansätze dazu gefunden. Gemäss ihm ist die Intuition eine riesige Sammlung von unterschiedlichsten Erfahrungen. Man bringt diese Erfahrungen und Eindrücke zusammen, bis man das Empfinden hat, dass die Wahrnehmung richtig ist. Diese Intuition ist sehr wichtig in der Politik. Ich glaube, sie wird nur ungern thematisiert, weil sie einen unwissenschaftlichen Eindruck macht, aber die Politik funktioniert überall so.

GH Seit einigen Jahrzehnten wird versucht, den »Code« der Intuition wissenschaftlich zu knacken und die Schleier der intuitiven Politik zu lüften. Aus dieser Forschung stammt der Befund, dass bei der Entscheidungsfindung unter Unsicherheit das Akzeptieren der Ungewissheit ein wichtiger Schritt in Richtung einer Lösung ist. Das haben Sie ja erwähnt. Ausserdem spielten bei Ihren Entscheidungen unter Unsicherheit Ihre individuelle Risikobereitschaft, aber auch Ihre Emotionen eine Rolle. Ängste, Hoffnungen oder andere emotionale Zustände können die Wahrnehmung von Unsicherheit beeinflussen und somit auch Entscheidungen.

Wie Sie bereits gesagt haben, verliessen Sie sich auch auf eine kleine Auswahl von Informationen und Ihre Intuition. Ist es vorgekommen, dass die Situation gelegentlich unklar blieb, kein Gefühl des »Richtigen« entstand und Sie dennoch Entscheidungen treffen mussten?

AB   In der Logik der Politik als Bewegung ist das Nicht-Entscheiden meistens das Schlimmste. Das Beste ist natürlich, richtig zu entscheiden. Das Zweitbeste ist, zuerst falsch zu entscheiden, die Entscheidung dann aber zu korrigieren. Ich habe auch falsche Entscheide getroffen und diese dann korrigiert. Ja, es gab auch Momente, wo ich nicht gespürt habe, was das Richtige ist, und trotzdem entscheiden musste. In solchen Momenten habe ich die Entscheidung nochmals intensiv mit meinem Team besprochen, ein Argument gegen das andere abgewogen, bis sich die Entscheidung sedimentierte. Aber trotz dieser Gruppenintelligenz-Methode ist es vorgekommen, dass ich entscheiden musste, ohne wirklich von den getroffenen Optionen überzeugt zu sein, einfach im Wissen, dass entscheiden besser ist, als nicht zu entscheiden.

GH   Die Diskussionen kurz vor der jeweiligen Entscheidung haben Sie also mit Ihrem persönlichen Team und nicht mit Wissenschaftlerinnen und Wissenschaftlern geführt?

AB   Richtig. Die Umsetzung von Massnahmen ist letztlich sehr politisch. Es geht um die politische Umsetzbarkeit. Diese Einschätzungen kann die Politik nicht an die Wissenschaft delegieren. Dazu gab es in der Krise auch sehr wenig Evidenz. Wir hatten aber gelegentlich Rückfragen an die Science-Taskforce. Die Antworten auf diese Rückfragen waren sehr hilfreich, und sie ermöglichten es uns, wissenschaftliche Einschätzungen noch besser in die politische Entscheidungsfindung einzubinden.

GH War es bei den Entscheidungen hilfreich, dass Sie zusätzliche Optionen zur Verfügung hatten, sodass nicht bereits bei der ersten Massnahme alle Ressourcen ausgeschöpft waren?

AB Das war praktisch nicht relevant. In einer Welt, die nicht stillsteht, gibt es immer wieder neue Optionen. Man muss sich diese nicht absichtlich offenhalten, sie erscheinen von selbst. Es entsteht immer wieder eine neue Ausgangslage, und die schafft immer wieder eine neue Grundlage für Entscheide. Um diese Dynamik optimal zu beeinflussen, ist der Zeitpunkt von Entscheiden wichtig. Man darf nicht zu spät entscheiden, aber auch nicht zu früh. In beiden Fällen verringert sich die Chance, dass neue Optionen auftauchen.

GH Mir wird immer deutlicher, wie prägend dieses Bild der Politik als Dynamik und Bewegung für Sie ist. Sie haben mir einmal gesagt, dass Sie Heraklit gelesen haben, der die Bewegung und die Unsicherheit ins Zentrum seiner Philosophie stellte. Beschäftigen Sie sich schon lange mit Unsicherheit?

AB Ja, dieser Punkt, in der Politik immer in Bewegung zu sein, und mehr noch Bewegung in die Politik zu bringen, beschäftigt mich schon lange. Er war sogar das Thema meiner Rede, die ich bei der Wahlfeier zum Bundesrat draussen vor der Universität Freiburg hielt. Dieser Gedanke hat mich also schon sehr früh begleitet. Genau wie meine Zweifel, die ich in Interviews immer wieder erwähne. Aber niemand will das wirklich glauben, vor allem nicht die Journalistinnen und Journalisten. Sie vermuten dahinter eine falsche oder gar taktische Bescheidenheit. Diese Haltung, die sich an der Bewegung und dem Zweifel orientiert, ist aber authentisch und hat mir in der Pandemie geholfen. Es macht mir keine Mühe, zuzugeben, dass ich etwas nicht weiss.

Druck aushalten

Stress durch anhaltende Unsicherheit Ungewisse Gefahren, wie etwa die Information, an einem Krebs erkrankt zu sein, erzeugen bei den meisten Menschen eine besonders starke Stressreaktion, die sich als Angst, Erschöpfung und in Konzentrationsproblemen und Körperverspannungen manifestieren kann. Die Pandemie mit ihren vielen anhaltenden und ungewissen Unsicherheiten war deshalb für viele eine Herausforderung bezüglich ihrer psychischen Widerstandsfähigkeit.

GH Sie trugen in der Zeit der Unsicherheit viel Verantwortung, standen verständlicherweise unter massivem Stress. Wie sind Sie damit umgegangen?

AB Die Ungewissheit und die ganze Verantwortung, die ich tragen musste, haben mir wirklich massiven Stress gebracht. Es gab Zeiten, wo ich nichts anderes machen konnte, als jede Stunde die eingehenden Informationen zu studieren und zu überlegen, was ich als Nächstes tun musste. Trotzdem habe ich immer eher gut geschlafen, mit wenigen Ausnahmen, auch unter grossem politischem wie auch gesellschaftlichem Druck. Dann, wenn die Anzahl der Infektionen hochging, wussten wir ja nicht genau, wie sich die Situation entwickeln würde. Deshalb nahmen meine Nervosität und mein Stress besonders zu. Die Wellen der Fallzahlen haben bei mir direkt Druck im Körper erzeugt. Wenn sie hochgingen, war mein Zustand schwierig, wenn die Kurve nach unten ging, fühlte ich mich besser.

Dazu kommt, dass die Politik sehr ungerecht sein kann. Ich war die Zielscheibe für sämtliche Frustrationen. Das auszuhalten, war gelegentlich sehr schwierig. Dies gehört vermutlich zum Paradox der Politik: Sich für Gerechtigkeit einsetzen heisst noch lange nicht, dass man selbst nicht auf ungerechte Weise kritisiert wird. Ich kann sehr gut mit Ungewissheit, Zweifel und Bewegung umgehen, aber nicht mit ungerechter Kritik. Das ist mein Schwachpunkt. Das Gefühl, Ungerechtigkeit zu erfahren, ist bei mir mit Stress verbunden, und es verstärkte den Stress durch die Wellen der Pandemie.

GH Konnten Sie zwischen sich als Politiker, dem Ziel der Frustrationen, und sich als Mensch unterscheiden?

AB Gelegentlich war das schwierig. Gehässige Kritik hat mich getroffen und etwas mit mir gemacht. Ich empfand sie zum Teil als sehr ungerecht, auf Französisch würde ich sagen, sie war »bête et méchant«, übersetzt: »dumm und bösartig«.

GH Wie haben Sie das ausgehalten?

AB Mir half meine positive Haltung gegenüber dem Zweifel und die Vorstellung, dass Politik in ständiger Bewegung ist. Ein drittes Element war meine Einstellung zu meiner Arbeit als Bundesrat. Ich habe immer gesagt, dass wir hier sind, um unser Bestes zu geben, und nicht, um Titel und schöne Empfänge zu geniessen. Dazu gehört auch, gehässige Kritik zu verarbeiten. Auch wenn das ein unangenehmer Teil des Jobs ist. Es geht in erster Linie darum, zu dienen. Ob man alles gegeben hat, erkennt man daran, ob man am Ende wirklich ausgebrannt ist.

GH Das ist ein starkes Bild, das Sie benutzen. Burn-out als Ziel.

AB Ich stelle es mir tatsächlich sehr konkret vor und sehe das Bild einer Kerze, die man an beiden Enden anzündet. So brennt sie zweimal schneller. Und am Schluss gibt es nur noch einen kleinen Rest aus Wachs. In der Exekutivpolitik sollte man bereit sein, an beiden Enden zu brennen, mit Würde und Stolz; wer das nicht leisten will, ist am falschen Platz. Nicht nur in der Politik sehen das viele nicht so und brennen nicht. Ich will damit niemanden be- oder gar verurteilen, sondern einfach erklären, wie ich es sehe.

GH Also nicht nur ausbrennen, sondern doppelt verbrennen. Dies würde ich niemandem empfehlen, auch Ihnen nicht, weil es keine nachhaltige Strategie ist. Brennen ist gut, aber Verbrennen ist problematisch.

Neurobiologie der Motivation Neurobiologisch bedeutet »Brennen« die Aktivierung des Hirn-Belohnungssystems, das für Begeisterung, Durchhaltevermögen, Freude und Motivation verantwortlich ist. Dieses System hemmt das Stresssystem, mit dem Resultat, dass eine grosse Motivation und Brenn-Bereitschaft dabei helfen, grossen Stress zu überstehen. Der deutsche Philosoph Friedrich Nietzsche hat diesen Zusammenhang in einem prägnanten Satz zusammengefasst: »Wer ein Warum hat, dem ist kein Wie zu schwer.«

AB Neben dieser inneren Einstellung war es für mich wertvoll, positives Feedback zu erhalten. Ich habe unglaublich viele schöne Briefe bekommen und bekomme heute noch welche, und es gibt nach wie vor Menschen, die mich ansprechen und sagen: »Es war schwierig mit dieser Ungewissheit, es war alles unklar, aber Ihre Präsenz hat mir geholfen, die Situation zu meistern.« Sie sagen: »C'était une présence rassurante« – es sei eine beruhigende Präsenz gewesen. Aber klar, diese Präsenz ist meinen Gegnern sauer aufgestossen.

GH Bei mir erscheint nach Ihren letzten Aussagen das Bild einer Gratwanderung zwischen Selbstachtung und Eitelkeit, die wir alle erleben können, wenn wir brutal kritisiert werden. Hinsichtlich Kommunikation sehe ich eine Gratwanderung zwischen »gut bei Leuten ankommen« und »schmerzhafte Entscheidungen treffen«. Für viele Menschen war die Pandemie eine Gratwanderung zwischen egoistischen Bedürfnissen und Selbstopfer zugunsten der Allgemeinheit.

Als Psychiater erlebte ich in dieser Zeit, wie die Resilienz vieler Menschen abnahm. Eine Studie der Universität Basel bestätigte meine Beobachtung. Das hatte mit den vielen Ungewissheiten und der Komplexität der Gefahr zu tun. Die Wissenschaft hinter den Massnahmen war ausgesprochen komplex. Wir konnten die Dynamik der Notlage nicht im Einzelnen nachvollziehen, sondern mussten der Regierung und den Expertinnen vertrauen. Wenn dieses Vertrauen fehlte, machten sich paranoide Stimmungen und Vorstellungen breit. Einige meiner ängstlichen oder depressiven Patientinnen und Patienten wurden unter dem Pandemiestress paranoid und suchten einen Sündenbock; das konnte die Regierung sein, aber auch die Pharmaindustrie oder gar eine schwer fassbare internationale Verschwörung. Das hat mich schockiert. Die Betroffenen haben sich mit ihren Vorstellungen sozial oft noch mehr isoliert, als sie dies schon waren, was die Paranoia verstärkte. Ein Teufelskreis. Ich machte die Erfahrung, dass eine klare und verständliche Berichterstattung in den Medien wie auch die grosszügige finanzielle Unterstützung vieler Unternehmen durch den Staat halfen, die paranoide Stimmung zu dämpfen. Können Sie das bestätigen?

AB Die Politik kann nicht alles. Was die Politik kann – gerade wenn eine Situation sehr ernst ist –, ist, die Lage so transparent wie möglich aufzuzeigen. Einfach sagen, was man weiss, aber auch, dass man nicht weiss, wie es sich entwickelt, und zugeben, wenn man sich getäuscht hat. Man kann aber von der Politik nicht erwarten, dass sie allen Menschen Sicherheit vermittelt – vor allem nicht in einer so unsicheren Situation. Es wäre eine trügerische Sicherheit. Was wäre passiert, wenn wir gesagt hätten: »Es gibt keine Pandemie«? Es hätte eine Katastrophe ohne gezielte Massnahmen gegeben. Klar, diejenigen, die das behauptet haben, sind immer noch davon überzeugt, dass es keine Pandemie gab. Bei ihnen handelt es sich oft um Personen, die nur ihr unmittelbares, direktes Interesse sehen. Sie haben sicher schon von der Flat-Earth-Theorie und der entsprechenden Community gehört, die behauptet, dass…

GH …die Erde flach ist. Ja, klar.

AB Sie lachen, ich ja auch, aber ich habe mich immer gefragt, wie solche Theorien Einfluss gewinnen können. Ich denke, sie schaffen Sicherheit. Die Vorstellung einer flachen Erde ist dem persönlichen Erleben näher als die Vorstellung einer runden Erde. Interessant war, zu sehen, dass die Pandemieverneinung nicht unbedingt mit der Bildung zu tun hatte. Es gab Menschen aus allen Bildungsschichten, die plötzlich Zuflucht in der Verleugnung fanden, die sagten, alles sei frei erfunden. Es geht kaum um die Bildung, sondern mehr um die Fähigkeit, mit Unsicherheit und Komplexität umgehen zu können. Ich weiss nicht, ob man das lernen kann. Gibt es in der Psychiatrie Forschung dazu?

GH Ein gesunder Umgang mit Unsicherheit ist sicher genetisch bedingt, aber auch erlernbar. Ich frage mich grad, ob es hilfreich wäre, in der Schule oder in der beruflichen Weiterbildung zu vermitteln, wie man mit unsicheren und komplexen Situationen umgehen kann. Wie auch immer – je weniger jemand versteht, mit Risiken umzugehen, sei es intuitiv oder durch erlerntes Wissen, desto grösser wird die unerträgliche Angst und die Tendenz, diese mit einer einfachen Theorie zu bewältigen, die wichtige Teile der Realität ausblendet.

AB Das ist sicher so, aber es gibt ja auch viele Menschen, die mit Risiken, vor allem wenn sie eindeutig sind, gut umgehen können, selbst dann, wenn die Situation lebensbedrohlich ist. Ich glaube, das grosse Problem ist die Ungewissheit. Im Umkehrschluss heisst das: Viele von uns könnten besser mit einem Virus leben, von dem sie wüssten, dass es innerhalb einer Minute zum Tod führen kann. Dann ist alles klar. Die Gefahr der Coronapandemie war komplex und heimtückisch und mit vielen Ungewissheiten verbunden. Das war das Problem.

Religion und Spiritualität zur Bewältigung von Unsicherheit
Der deutsche Philosoph Hermann Lübbe sieht in der Bewältigung von Ungewissheit die zentrale Aufgabe von Religionen. Das göttliche Prinzip übersteigt alle Wahrscheinlichkeiten und Ungewissheiten und vermittelt dadurch Sicherheit, ohne notwendigerweise die Realität zu verleugnen. Wenn man ein Flugzeug segnet, glaubt ja keine vernünftige Person, dass dies die Sicherheitschecks ersetzt. Es heisst nur, dass ein zusätzliches Sicherheitssignal vorhanden ist. Religionen haben leider auch Nebenwirkungen. Die Kirche war einmal aggressive

Verfechterin der Flat-Earth-Theorie, hat also versucht, die Realität zu leugnen und eine Alternative zum wissenschaftlichen Weltbild anzubieten, die näher am direkten Erleben war.

GH Welche Rolle spielten die Kirchen bei der Bewältigung der Pandemie?

AB Die Kirchen haben in dieser Pandemie vielen Menschen Halt gegeben und eine vermittelnde Rolle gespielt, wie andere auch. Sehr schnell kam die Frage nach der Sicherheit von Gottesdiensten auf. Wir versuchten, sie im engen Austausch mit Kirchenvertretern zu lösen, was einmal mehr zeigt, wie wichtig in einer Krise der Austausch ist. Was mich positiv überrascht hat, war die grosse Solidarität und gegenseitige Rücksichtnahme unter den Religionen.

GH Mich besorgt, dass nun auch im Nachhinein die Ungewissheit bezüglich der Impfrisiken dazu benutzt wird, die Solidarität der Bevölkerung infrage zu stellen. Ein Altbundesrat, der in der Pandemie Ihre Politik unterstützt hat, argumentiert nun auf diese Weise, um die Politik, die er mitgetragen hat, im Rückblick zu entwerten.

AB Nun, die wichtigste Sache in der Exekutivpolitik ist die Bereitschaft, Verantwortung zu übernehmen. Bei schönem Wetter merkt man das Vorhandensein oder Fehlen dieser Bereitschaft nicht unbedingt. Aber bei schlechtem Wetter wird sie sichtbar. Wir mussten trotz der Ungewissheit entscheiden. Wie ich schon gesagt habe: Im besten Fall entscheidet man richtig, im zweitbesten Fall falsch, korrigiert die Entscheidung aber, und im schlechtesten Fall entscheidet man nicht. Ja, es gibt Menschen, auch in der Politik, welche die Maxime haben: Jedes Problem löst sich von selbst. Das ist für mich eine unhaltbare Einstellung. Sie ist auf persönlicher Ebene falsch, sie ist falsch für eine kleine Gruppe, und sie ist auch falsch für die ganze Gesellschaft. Es gibt viele Menschen, die so denken, weil sie Angst vor dem Entscheiden haben. Es fehlt ihnen die Entscheidungslust. Würde sie mir fehlen, hätte ich einen anderen Beruf wählen müssen.

GH Die psychologische Forschung verdeutlicht, dass die Lähmung des Verhaltens, wozu Nicht-Entscheiden zählt, die häufigste Reaktion auf Unsicherheit und Ungewissheit ist. Wenn beispielsweise in einer Menschenmenge jemand zu Boden fällt, neigen die meisten dazu, passiv zuzuschauen, da die unklare Situation sie daran hindert, aktiv einzugreifen. Was sind die Folgen des Abwartens und Nicht-Entscheidens in einer Krise?

AB Ein Problem, das gelöst werden muss, erzeugt immer eine Spannung, die eine Entwicklung und eine Bewegung auslöst. Wenn ich gegenüber dieser Bewegung passiv bleibe, habe ich gar keinen Einfluss darauf. Nur durch die eigene Bewegung kann ich die Entwicklung unter Kontrolle bringen. Nehmen wir das Beispiel Fussball: Wenn man einfach nur den Ball abschiesst und darauf hofft, dass er zufällig im Tor landet, ist die Wahrscheinlichkeit gering, dass er sein Ziel findet. Indem man dem Ball folgt, seine Bewegung beeinflusst und ihn aktiv lenkt, erhöht man die Chance, Hindernisse zu umgehen, das gewünschte Ziel zu erreichen, in diesem Fall, ins Tor zu treffen. Die Bewegung kommt dabei von selbst, und es entsteht, meistens zumindest, eine stabile Situation, vielleicht aber auch – und das ist das Risiko – eine, die man gar nicht will. Aber einfach nur zu warten, zuzuschauen und nicht aktiv zu werden, ist sicher keine Lösung.

GH Der »Vorteil« beim Nichtstun ist, dass man sich später nicht für ein aktives Fehlverhalten verantwortlich fühlen muss.

AB Stimmt, aber: Man wird zunehmend zum Opfer der Situation. Um Stress zu meistern, scheint mir die Übernahme von Verantwortung zentral.

GH Auf die Übernahme von Verantwortung als Resilienzfaktor werden wir später noch eingehen. Sie sind nicht nur Politiker, sondern auch Pilot und lieben es, selbst zu fliegen. Das einsame Aufsteigen mithilfe fossiler Brennstoffe ist nicht typisch für einen Vertreter der Sozialdemokratischen Partei. Doch der weite, sich bewegende Blickwinkel des Piloten passt gut zu Ihrer Methode, mit Ungewissheit und Unsicherheit umzugehen. Gibt es da einen Zusammenhang?

AB Nein, man sollte das Fliegen nicht überbewerten. Was meine Erfahrungen als Pilot wirklich verbessert hat, ist die Fähigkeit, vorauszudenken, das Gesamtbild zu erfassen, und mein Verständnis für Geografie. Man erhält durch Fliegen einen besseren Gesamtblick. Während des Fluges denke ich: »Aha, da ist dieser Berg, und aha, da ist dieses Tal.« Obwohl ich diese Orte kenne, ermöglicht mir der Blick von oben, die Orte in einem topografischen Zusammenhang zu verstehen. Die Faszination für Bewegung und das Interesse daran, wie man einen Raum betritt, sich darin bewegt und ihn wieder verlässt, begleitet mich. Diese Liebe zur Bewegung verbindet vielleicht meine politische Tätigkeit mit meinen Hobbys. Was in der Politik, genau wie in einem Cockpit, aber durchaus nützlich sein kann, ist die Notwendigkeit des präzisen Handelns, die allseits bekannten Checklisten, die Liebe zum Detail und die absolute Notwendigkeit, den Überblick über alle Elemente nicht zu verlieren.

Die Fähigkeit, mit Aggressionen umzugehen

Erkennen und Bewältigen von Aggressionen Anhaltende Frustration, Weigerungen, Anweisungen zu befolgen, und verbale Drohungen können auf ein erhöhtes Aggressionsrisiko hinweisen. Im persönlichen Kontakt zeigt sich dies oft durch plötzliche Veränderungen in der Körpersprache oder im Tonfall. Zu den sichtbaren Anzeichen gehören störende Verhaltensweisen, das Verschränken der Arme, geballte Fäuste, Anspannung des Kiefers und unruhige Bewegungen. Wirksame Strategien zur Verhinderung aggressiver Konflikte umfassen:

1. *Aufmerksames Zuhören:* Echtes Interesse an den Anliegen der anderen Person zeigen und versuchen, ihre Perspektive zu verstehen.
2. *Angebot zur Zusammenarbeit und Kompromissfindung:* Nach gemeinsamen Lösungen suchen und bereit sein, Zugeständnisse zu machen.
3. *Glätten der Situation:* Bemühungen um Deeskalation, auch wenn die Meinungsverschiedenheiten weiterhin bestehen, durch beruhigende Worte und eine gemässigte Körpersprache.
4. *Vermeidung und Rückzug:* Bei Eskalation der Situation kann es hilfreich sein, sich vorübergehend zurückzuziehen, um beiden Parteien Zeit zum Abkühlen zu geben.

GH Jede Resilienztechnik hat natürlich ihre Grenzen. Neben der täglichen Belastung, eine grosse Verantwortung für die Bewältigung der Pandemie zu tragen, waren Sie auch Drohungen ausgesetzt, die sehr persönlich waren. Wie sind Sie mit diesem existenziellen Stress umgegangen?

AB Der Stress war in der Tat existenziell. In bestimmten Momenten ist so viel Druck zusammengekommen, neben dem sozialen auch politischer und medialer, dass ich den Eindruck gewann, man wolle mich erledigen. Ob mein Gefühl richtig oder falsch war, kann man diskutieren. Dafür spricht sicher die Bedrohung der physischen Existenz, also die Morddrohungen, aber auch die Bedrohung meiner politischen Existenz durch Journalisten, Medien, politische Parteien, politische Exponenten in Bern, aber auch anderswo. Ja, es war sehr brutal.

GH Was führte zu diesem Eindruck?

AB Es war die Summe von allem. Also: Ende 2021 kamen sehr viele Stressfaktoren zusammen. Einmal eine neue Coronawelle, dann die Gewissheit, dass es im Winter schwieriger sein würde, die Pandemie unter Kontrolle zu halten. Hinzu kamen das in den Wintermonaten abnehmende Tageslicht und die Kälte. Das hat nicht nur mich, sondern wohl fast alle deprimiert. Bei mir kam ein zunehmender politischer Druck dazu, etwa wegen der möglichen Notwendigkeit harter Massnahmen. Ich habe dieses Zuviel an Stress an meinem Schlaf gemerkt, der sonst eigentlich immer ziemlich gut war. Ich wachte in der Nacht auf, und mein Kopf war voller Gedanken über die Pandemie. Das alles hat dazu geführt, dass ich weniger ass. So ganz genau kann ich mich jedoch nicht mehr erinnern, es war keine Veränderung, die ich ganz bewusst wahrnahm.

GH Gewichtsverlust ist eine Reaktion auf schweren und anhaltenden Stress. Sie hatten noch andere Stresssymptome erwähnt, beispielsweise einen Druck, den Sie körperlich erlebt haben. Sie sagten, dass Sie die Fallzahlen physisch spürten.

AB Ja, denn es war ein Druck, der all meine Gedanken auf die Probleme der Pandemie fokussierte. Er machte es unmöglich, mich mit anderen Dingen zu beschäftigen. Es gab Momente, wo der Druck so gross wurde, dass ich keine Kraft mehr hatte, irgendetwas zu tun. Ich legte mich dann einfach hin und tat eine Weile lang nichts.

Diesen lähmenden Druck erlebte ich vor allem im Zusammenhang mit den mich persönlich betreffenden Drohungen und den daraus resultierenden Sicherheitsmassnahmen. Sie müssen sich vorstellen: Achtzehn Monate lang durfte ich mich nicht ohne Leibwächter in der Öffentlichkeit bewegen, durfte das Haus nicht verlassen, ohne vorher Bescheid zu geben, und musste dann auf die Sicherheitsleute warten. Einmal wollte ich nur zur Käserei gehen, um etwas einzukaufen, und ich musste zwanzig Minuten auf die Bewilligung warten. Diese Einschränkungen habe ich sehr physisch erlebt, als etwas, das sehr unangenehm war. Es war nicht nur der Druck, dass ich mich nicht mehr frei bewegen durfte, sondern auch die Abhängigkeit von anderen Menschen und die Tatsache, dass ich auf Schritt und Tritt begleitet wurde.

GH Haben Sie sich immer strikt an die Ihnen auferlegten Sicherheitsregeln gehalten?

AB Ja, das habe ich. Einmal, nur einmal, an Weihnachten 2021, es herrschte überall Maskenpflicht, hielt ich es nicht mehr aus. Ich wollte etwas allein unternehmen, allein Einkäufe für Weihnachten tätigen, einfach mal allein einen Spaziergang machen. Aber ich tat das selbstverständlich nicht, ohne den Sicherheitsdienst zu informieren. Ich musste dann die Verantwortung für meine Sicherheit selbst übernehme.

GH Gab es Pannen und Ungewissheiten in diesem Sicherheitssystem?

AB Ich trug, wenn ich unterwegs war, nicht nur eine Maske und eine hochgezogene Kapuze – beides machte mich unkenntlich –, sondern musste auch meinen genauen Standort fortlaufend mitteilen.

GH Hat Ihnen das nicht Angst gemacht?

AB Nein, ich war irgendwo in der Schweiz unterwegs. Wie gesagt mit Maske und Kapuze. Niemand wusste, wo ich bin, und niemand konnte mich erkennen. Ich habe mich in der Menschenmasse sicherer gefühlt als in der Umgebung meines Hauses. Kommt hinzu: Wenn ich in der Schweiz als Politiker spontan in ein Kino gehe, ist die Möglichkeit, dass sich gerade dort eine gefährliche Person mit entsprechender Ausrüstung befindet und mich anzugreifen versucht, gering. Oder zumindest viel geringer, als wenn ich in offizieller Funktion an einen Anlass gehe, bei dem meine Anwesenheit gar noch im Voraus angekündigt wird. Da ist die Gefahr viel grösser.

GH Einmal ist jemand um Ihr Haus geschlichen und wieder verschwunden. Hat das Ihr Vertrauen in die Sicherheit erschüttert?

AB Es kamen immer wieder Leute, die sich verdächtig verhielten, in die unmittelbare Nähe unseres Hauses. Die Polizei lernte von diesen Vorfällen und verbesserte fortlaufend ihren Schutz. Einmal ist eine Gruppe von Covid-Leugnern mit Kuhglocken in unser Dorf gekommen und hat Lärm gemacht, den ich selber aber nicht gehört habe. Und ja, klar, im Kontext der allgemeinen Gefahr steigerte diese räumliche Nähe von potenziell bedrohlichen Aktionen und Personen mein Gefühl der Unsicherheit.

GH Sie erwähnten den lähmenden Druck, den Sie durch massive Bewegungseinschränkung erlebten. In der Stressforschung unterscheiden wir drei Verhaltensweisen auf diesen akuten Stress: kämpfen, fliehen oder totstellen. Man kann wohl guten Gewissens sagen, dass Sie durch die Sicherheitsmassnahmen zum Totstellen gezwungen wurden. Entsprach das auch Ihrem körperlichen Gefühl?

AB Es war eher eine lähmende Spannung im ganzen Körper. Ich muss auch sagen, dass ich diese schlimmsten Stressphasen sehr schnell vergessen habe. Jetzt, wo wir reden, kommen mir einzelne Dinge in den Sinn. Sonst aber denke ich nie über diesen Stress nach.

GH Das ist interessant. Vor allem vor dem Hintergrund, dass das Stresshormon Cortisol viele Wirkungen hat. Eine davon ist, dass es die Erinnerung an extremen Stress teilweise löscht oder verschliesst, vermutlich weil eine allzu genaue Erinnerung uns übermässig ängstlich machen würde. Ich weiss, dass Ihre Stressbelastung während der Pandemie auf dem sogenannten Beck-Depressions-Inventar festgehalten wurde, um Ihre Stresssymptome zu erfassen. Die Skala reicht von 0 bis 63 Punkten. Ab zwanzig Punkten spricht man von einer depressiven Reaktion. Sie waren im Oktober 2020 mit Ihrem persönlichen Maximalwert deutlich unter dieser Limite. Vorübergehend nahm Ihre Entscheidungsfreude damals ab, Sie schliefen nicht mehr gut, ermüdeten schneller und hatten weniger Antrieb. Diese Symptome bildeten sich innerhalb einer Woche zurück. Ein Jahr später, im Oktober 2021, hatten Sie eine zweite Phase mit erhöhten Stresssymptomen. Aber auch diese Phase war nur kurz, und Sie erholten sich innerhalb einer Woche. Eine besondere Herausforderung bei der Stressverarbeitung sind traumatische Erfahrungen, die Ereignisse betreffen, bei denen die körperliche Integrität bedroht wird. Gehören Morddrohungen zum Alltag eines Politikers?

AB Morddrohungen in der Politik gab es schon vor der Pandemie. Seit längerem sind etwa Politikerinnen und Politiker, die in der Migrations- oder Umweltpolitik tätig sind, von massiven Drohungen betroffen. Das hat mit den damit verbundenen Emotionen zu tun. Man kann mit Migrationsthemen sehr leicht schlechte Gefühle erzeugen. Es ist sehr einfach, in der Zuwanderung die Gründe für seine Frustrationen zu finden und Sündenböcke zu identifizieren. Wer die Migrationspolitik nüchtern erklären will, läuft Gefahr, als Feind betrachtet zu werden. In der Umweltpolitik erinnere ich mich an die Pestizid-Initiative. Menschen, die in der Landwirtschaft mit Substanzen arbeiteten, um die es da ging, haben dies als Entwertung ihrer Arbeit und ihrer Produkte erlebt. Der Vorwurf, dass sie mit ihrer harten und engagierten Arbeit der Umwelt schaden, hat zum Teil starke Aggression ausgelöst.

In der Coronapandemie nahm die Anzahl Drohungen massiv zu, insbesondere Drohungen, welche die Polizei als besorgniserregend einstufte. Bei mir hatte das sicher mit meiner grossen Sichtbarkeit zu tun. Wenn man jemanden so oft in den Medien sieht und ihn als verantwortlich für so viele Unannehmlichkeiten betrachten kann, kann das Aggressionen auslösen. In gewissen Phasen bekam ich so viele zu spüren, dass ich mich zweimal kurzzeitig nicht mehr in der Lage fühlte, zu arbeiten. Ich habe das meinem Team mitgeteilt, und es wurden Massnahmen ergriffen, damit ich wieder arbeiten konnte.

GH Welche Massnahmen wurden ergriffen?

AB Sicherheitsmassnahmen. Sie waren alles andere als lustig, aber sie ermöglichten es mir, meiner Arbeit wieder nachzugehen. Der Preis dafür war gross, nämlich eine noch massivere Begrenzung meiner persönlichen Freiheit.

GH Das Gefühl der Sicherheit ist für das Wohlbefinden wichtiger als die reale Sicherheit. Wie konnten Sie die tatsächliche Gefahr abschätzen?

AB Ich weiss bis jetzt nicht, welchen Gefahren ich wirklich ausgesetzt war. Ich war immer auf die Aussagen von Dritten angewiesen, weil ich die Gefahr nicht direkt erlebte. Wenn die Experten gelassen blieben und sagten: »Solche Drohungen haben wir in den letzten zehn Jahren sehr häufig gesehen, die sind zwar blöd, aber harmlos«, fühlte ich mich sicher. Der Stress nahm jedoch zu, wenn sie sagten: »Ähm, so eine Drohung haben wir noch nie gesehen. Wir können sie nicht einordnen«, oder wenn sie die Drohung explizit als sehr bedrohlich einstuften. Auch die emotionale Reaktion der Drittpersonen hatte einen sehr starken Einfluss darauf, wie ich die Gefahr wahrnahm.

Soziale Ansteckung von Angst   Das Angst-System in unserem Hirn reagiert besonders stark auf soziale Signale. Wenn jemand mehr Weiss in den Augen zeigt oder den Mund offen stehen hat, deutet das darauf hin, dass die Person die Situation als gefährlich einstuft. Diese Art der Gefahrenkommunikation ist beim Menschen besonders stark ausgeprägt. Sie kann sehr effektiv sein, da sie ohne Worte in Bruchteilen von Sekunden funktioniert. Sie kann aber auch zu unnötiger und potenziell gefährlicher Massenpanik führen.

GH In Ihrem Fall haben Ihnen Politikerkollegen, mit denen Sie nicht direkt zu tun hatten, zusätzlich ganz bewusst soziale Angst eingejagt, um Sie zum Rücktritt zu bewegen.

AB Ja, das war eine unangenehme Herausforderung. Die Entwicklung ist schon bemerkenswert, da es am Anfang der Pandemie umgekehrt war und ich eine starke Unterstützung erlebte. Für das, was danach passiert ist, kenne ich nichts Vergleichbares in der Schweizer Politik der letzten Jahre. Zuerst hiess es »nur«, ich sei unfähig. Dann wurde behauptet, ich sei derart unfähig, dass man mir das Pandemiedossier entziehen müsse. Nun, ein Dossierentzug ist in der Schweiz nicht so einfach. Dafür muss zuerst eine Impeachment-Logik entwickelt werden. Als Nächstes wurde mein Rücktritt gefordert, auch ohne Erfolg. Ich durfte im Amt bleiben und das Dossier behalten. Schliesslich kam der Vorwurf, ich sei ein Diktator. Zwei Tage nachdem Politikexponenten den Begriff »Diktator« für mich benutzt hatten, kamen entsprechende Morddrohungen, die mich mit »Du, Diktator« ansprachen. Voilà.

GH Die Angriffe erstaunen mich, allem voran, weil Ihre Entscheide ja kollegial vom Gesamtbundesrat getragen wurden. Zudem hatte das Volk in drei Abstimmungen die Gelegenheit, Ihre Politik abzulehnen. Kritisch kommt mir in den Sinn: Vielleicht hat es etwas mit Ihrer Persönlichkeit zu tun. Dazu kommen wir gleich. Doch zuerst zurück zum akuten Stress: Standen Sie im Austausch mit den Politikexponenten, die Sie als Diktator bezeichneten?

AB Einmal sagte mir ein Parlamentarier: »Ja, du Armer. Deine Situation muss schwierig sein.« Ich habe ihm in die Augen geschaut und gesagt: »Ja, so ist es, und du bist dafür mitverantwortlich.« Er versuchte auszuweichen: »Nein, nein, ich kann nichts dafür.« »Doch!«, sagte ich – darauf reagierte er nicht mehr.

GH Diese Kombination aus Morddrohungen und den ständigen Fouls vonseiten der politischen Konkurrenz ist eine Belastung, die vermutlich nicht viele Personen über längere Zeit aushalten. Sie haben mir einmal gesagt, dass die Polizei eine wichtige Stütze Ihrer Resilienz war. Welche anderen Faktoren halfen Ihnen, den existenziellen Stress auszuhalten?

AB Es waren mehrere Elemente, die es mir ermöglichten, den Stress durch diese Aggressionen auszuhalten. Wichtig war sicher meine Grundhaltung, dass ich nicht Politik mache, um das schöne Wetter zu geniessen. Für mich war es auch ein Glück, dass ich bereits acht Jahre Bundesrat war. Das war eine sehr gute Vorbereitung. Ohne sie hätte ich die Pandemie weniger gut überstanden. Ein anderer Punkt scheint mir auch wichtig zu sein: Wenn man den Druck nicht aushalten kann und geht, ist das ein Signal: »Aha, es funktioniert, man kann einfach drohen und erreicht sein Ziel.« Wäre ich deshalb zurückgetreten, wäre das eine Schwächung des demokratischen Umgangs gewesen.

GH Für sein eigenes Verhalten die Verantwortung zu übernehmen, ist ein gut etablierter Resilienzfaktor. Gab es auch noch andere Faktoren, die nicht im Lehrbuch stehen?

AB Es war sicher auch Eitelkeit mit im Spiel. Ich habe gedacht: Ich habe mein Leben für die Politik gegeben und sehr viel geopfert. Wäre ich in einer solchen Situation gegangen, hätte sich meine Karriere auf dieses abrupte Ende verkürzt. Ich bin sicher, eine gewisse Eitelkeit hilft, extremen Stress auszuhalten. Ich sage immer: In der Politik haben alle ein »problematisches«

Ego. Die Frage ist nur, wie man damit arbeiten kann, um einen Nutzen für die Allgemeinheit zu erbringen.

Narzissmus und Resilienz Eitelkeit gilt nicht als Resilienzfaktor, da sie zu einer übermässigen Fixierung auf äussere Erscheinungen und sozialen Status führen kann, was den Umgang mit inneren Herausforderungen erschwert. Eitelkeit im Sinne von Selbstachtung kann aber zur Resilienz beitragen, auch bei Aggressionen gegen die eigene Person. Diese Überlegung erinnert mich an die Narzissmusdebatte in der Psychologie. Oft wird der Begriff Narzisst negativ verwendet. Nämlich für übermässige Selbstbezogenheit, ein instabiles Selbstwertgefühl, die Tendenz, andere abzuwerten, und die Überzeugung, von anderen beneidet zu werden. Ursprünglich bezog sich Narzissmus aber auf die Selbstliebe. Narzisstische Störung als klinische Diagnose weist auf eine Störung der Selbstliebe hin.

GH Wie sind Sie mit Ihrem Ego umgegangen?

AB Es war mehr oder weniger klar, nach der Pandemie zu gehen. Mein Ziel war, die Covid-Politik zu Ende zu führen und dann zu sagen: Ich habe meinen Job gemacht, ich gehe. Nach allem, was wir in zwölf Jahren in der Sozialpolitik, in der Gesundheitspolitik und in der Kultur gemacht haben, nach zwei Bundespräsidien, drei vollen Legislaturen und der Bekämpfung der Pandemie war der Zyklus meiner zwölf Jahre im Amt am Ende. Vielleicht ist das eine Illusion, aber ich glaube doch, dass die Menschen diesen Einsatz nicht so schnell vergessen werden. Klar, nach einer Krise will man so schnell wie möglich restlos alles hinter sich lassen, aber diese Pandemie war so brutal, dass sie viele von uns bleibend geprägt hat. Gerade junge Menschen im Alter von zehn bis zwanzig Jahren, die in ihrer Ausbildung abrupt gestoppt wurden, werden diese Zeit nicht so schnell vergessen. Leider, muss ich sagen.

Zusammenfassung

Alain Berset haben während der Pandemie die folgenden fünf Punkte geholfen, zusammen mit seinem Team[*] unter grösstem Stress überlegte Entscheidungen treffen zu können.

1. *Positive Haltung gegenüber Veränderungen:* Veränderungen bringen Ungewissheit mit sich, der Alain Berset positiv gegenübersteht, was seiner Liebe zur Bewegung und zum Zweifel entspricht. Beide Faktoren ermöglichen es ihm, den Überblick über alle Herausforderungen zu behalten, sie in ihrer Ungewissheit zu erfassen und wieder loszulassen und so in dauernder Bewegung die Ruhe und Positivität zu bewahren.
2. *Interdisziplinäres Fachwissen einbinden:* Der zweite Punkt befasst sich mit der Einbindung von Fachwissen. Alain Berset betont die grosse Bedeutung der Zusammensetzung einer Arbeitsgruppe und des intensiven und zeitraubenden Austauschs mit allen Beteiligten. Er empfiehlt, eine Vertrauenskultur zu schaffen, die gegenseitige Kritik ermöglicht.
3. *Entscheidungsfreude:* Die Bereitschaft, in einer Krise Entscheidungen zu treffen und die Verantwortung dafür zu übernehmen, hat viele Vorteile: Sie vermittelt Zuversicht, reduziert Unsicherheit und spart Kosten, die durch fehlende Entscheidungen entstehen können. Alain Berset hat sich in Krisenzeiten oft auf seine Intuition und sein Bauchgefühl verlassen,

---

[*] Das Generalsekretariat des Eidgenössischen Departements des Innern mit Generalsekretär, Kommunikationschef und dessen Vertreter sowie zwei persönliche Mitarbeitende und die zwei Assistentinnen des Departementsvorstehers.

um rasch Entscheidungen zu treffen. Dennoch kann übertriebene Entscheidungsfreude zu Dominanz und Machtmissbrauch führen, weshalb ein ausgewogenes und reflektiertes Vorgehen entscheidend ist.
4. *Druck aushalten:* Ungewisse, andauernde Gefahren lösen anhaltende Stressreaktionen aus, die sich als Angst, Erschöpfung, Konzentrationsprobleme und Körperverspannung zeigen können. Alain Berset zeigt auf, wie ihm eine achtsame Körperwahrnehmung sowie seine Entscheidung, sich seiner Arbeit komplett hinzugeben, dabei geholfen haben, widerstandsfähig zu bleiben und Druck auszuhalten.
5. *Die Fähigkeit, mit Aggressionen umzugehen:* Morddrohungen und politische Rücktrittsforderungen stellen eine existenzielle Bedrohung dar, die besonders urtümliche Stressreaktionen mit problematischen Abwehrreflexen im Sinne von Kampf, Flucht oder Totstellen auslösen können. Alain Berset erzählt, wie ihm seine langjährige Erfahrung als Politiker, das psychologische und politische Verstehen der Aggression, die enge Zusammenarbeit mit dem Sicherheitsdienst und letztlich wohl auch seine Selbstachtung dabei geholfen haben, die erhaltenen Todesdrohungen zu bewältigen, ohne in Panik zu geraten oder zu erstarren.

2 Netzwerkorientierung

Netzwerkorientierung bezieht sich auf die Fähigkeit und das Interesse eines Individuums, Beziehungen zu anderen Menschen aufzubauen, zu pflegen und effektiv zu nutzen, um Ressourcen und Informationen auszutauschen. Dies trägt wesentlich dazu bei, sich an veränderte Umstände anzupassen und Herausforderungen zu bewältigen. Soziale Unterstützung durch stabile Netzwerke wie die Familie oder ein wohlwollendes Team ist besonders wichtig für die Resilienz, da sie als »Stresspuffer« wirkt.

Ein Teil unseres Nervensystems wird als »soziales Gehirn« bezeichnet. Es ist unter anderem für unsere Sensibilität gegenüber Mitmenschen und die präzise Speicherung von Personen und ihren Eigenschaften zuständig, was wesentliche Voraussetzungen für die Netzwerkorientierung sind. Dieses soziale Gehirn hilft uns, effektive und unterstützende Netzwerke aufzubauen und zu erhalten, indem es unsere Fähigkeit zur Empathie verbessert wie auch das Bedürfnis, andere zu verstehen.

Soziale Sensibilität

Gregor Hasler Herr Berset, selbst Ihre vehementesten Gegner räumen ein, dass Sie ein ausgeprägt gutes Gespür für die Bevölkerung besitzen, die man durchaus als eines Ihrer Netzwerke betrachten kann. Dies half Ihnen, während der Pandemie weitreichende Schutzmassnahmen umzusetzen. Diese Fähigkeit,

Mitmenschen zu verstehen, ist ein wichtiger Resilienzfaktor, aber auch ein gutes Instrument, seine eigenen Interessen durchzusetzen. Wie haben Sie diese Fähigkeit entwickelt?

Alain Berset Ich kann das nicht genau sagen, aber vermutlich haben mein Einfühlungsvermögen und meine soziale Sensibilität mit meiner Lebenserfahrung zu tun. Meine Familie engagierte sich sozial in verschiedenen Bereichen, etwa in Chören und Sportvereinen, was mir einen Sinn für die Gemeinschaft vermittelte. Ausserdem war meine Kindheit glücklich und sehr bodenständig. Wir lebten in einem Dorf und verbrachten die Ferien auf dem Campingplatz. Für Skiurlaube haben wir die Region nicht verlassen. Ein weiterer Punkt ist, dass ich immer gern andere Menschen beobachtet und versucht habe, sie zu verstehen. Sich in die Position eines anderen Menschen versetzen zu können, ist eine wichtige Voraussetzung, um politisch erfolgreich zu sein. Gerade wenn man nicht der gleichen Meinung ist, kann man mit dem notwendigen Einfühlungsvermögen verstehen, warum bestimmte Personen oder Gruppen etwas sagen oder wollen. Nur so kann man Kompromisse und Lösungen finden.

Ich lese auch gern Statistiken. Zum Beispiel ist es eine wichtige Tatsache, dass in der Schweiz sechzig Prozent der Bevölkerung Mieter und nicht Wohneigentumsbesitzer sind. Im Kanton Freiburg beispielsweise gibt es viele einfache Wohnhäuser mit fünfzehn Etagen. Wer dort wohnt, hat keinen Garten und auch oft keinen Balkon. Obwohl ich selbst nie so gewohnt habe, hatte ich Schulfreunde, die ich in solchen Häusern besucht habe. Mein soziales Gespür ist also kein Wunder, sondern entspringt meiner Herkunft und meinen Interessen.

GH Das tönt nun alles sehr altruistisch für einen Politiker.

AB Ich sehe das viel pragmatischer. Soziale Sensibilität braucht es, um andere Menschen und ihre Bedürfnisse wahrnehmen zu können, und dies ist eine Voraussetzung für Altruismus. In der Exekutivpolitik helfen mir diese Sensibilität und diese Erfahrungen, Lösungen für die Gesellschaft zu finden. Gelingt dies, vergrössert das auch den Einfluss, zu optimieren. Dazu stehe ich auch.

GH Als Politiker brauchen Sie nicht nur ein starkes Gespür für die Bevölkerung – möglicherweise ist das mit dem Gespür eines Unternehmers für seine Kunden vergleichbar –, sondern auch eine gute soziale Intuition, um loyale Mitarbeitende zu finden und Koalitionen zu bilden. Wie gehen Sie bei Neueinstellungen vor?

AB Bei Bewerbungen lese ich den Lebenslauf immer sehr genau. Was hat die Person vorher gemacht? Welche Erfahrungen bringt sie mit? Im direkten Gespräch muss eine Verbundenheit oder ein Link entstehen. Mein Ziel war es, immer die Kraftvollsten zu wählen. Ich fragte mich immer: Wer ist die stärkste Person, die ich für diese Position einstellen könnte? Die Gefahr, dass diese neue Mitarbeiterin, dieser neue Mitarbeiter im Umgang durch ihre oder seine starke Persönlichkeit und ihr/sein Fachwissen auch unangenehm werden kann, dass sie mich – ich sage es mal so – »schütteln« könnte, nahm ich bewusst in Kauf. Im Gegenteil, diese mögliche Gefahr war für mich immer ein positives Zeichen. Das Recht, auch unangenehm zu sein, habe ich immer kommuniziert. Ich kann auch ziemlich unangenehm, hart und, ja, sogar ungerecht sein. Ich bin nicht immer cool. Nun, die Wahl der Stärksten hatte immer Priorität.

GH Es gibt Kritiker, die Ihnen dominantes, autoritäres und teilweise ungerechtes Verhalten vorwerfen. Haben Sie bei der Wahl der Mitarbeitenden auch Fehler gemacht?

AB Meine Wahl war nicht immer perfekt. Aber nach zwölf Jahren im Bundesrat kann ich sagen, ja, es ist mir fast immer gelungen. Anlässlich meines Amtsendes habe ich alle meine früheren und damals noch aktuellen Teammitglieder zu einem Anlass eingeladen, und es war sehr eindrücklich und besonders, zu sehen, dass sich da eine Gruppe persönlich und beruflich sehr starker Menschen versammelte.

GH Diese Technik der Anstellung ist schon speziell. Es gibt Bundesräte, die wählen ihre Mitarbeitenden aus ihrem Kanton oder der eigenen Partei aus. Ich kann mir nicht vorstellen, dass diese zufällig immer gerade die Stärksten im Land sind. Die Fähigkeit, sich als Spitzenpolitiker oder auch als CEO einer grossen Firma »schütteln zu lassen«, wie Sie das nennen, ist sicher nicht jedem gegeben. Oft steht der Gedanke im Vordergrund: Das Team darf auf keinen Fall gefährlich werden. Hatten Sie tatsächlich nie Angst vor Konkurrenz aus Ihrem Team oder davor, dass man Ihnen die Show stehlen könnte?

AB Die Funktion und der Titel des Bundesrates sind so stark, dass man vor seinen Mitarbeitenden keine Angst haben muss.

Arbeiten im Team

GH Viele Politiker, aber auch Führungspersonen in der Wirtschaft, in Organisationen und in der Verwaltung klagen über Vereinsamung in der Führungsposition. Bei Ihnen fiel mir auf, dass Sie immer eng mit Ihrem Team zusammenarbeiteten.

AB Vor meiner Zeit als Bundesrat habe ich acht Jahre im Parlament verbracht. Dort fühlte ich mich ab und zu sehr allein. Ich war an keine grosse Organisation wie eine Gewerkschaft oder einen Verein gebunden und hatte keine Führungsaufgaben. Diese Einsamkeit war für mich belastend. Oft arbeitete ich allein zu Hause, und meine beruflichen Kontakte beschränkten sich auf parlamentarische Kommissionen, die Politik und Kunden meiner Mandate. Ich hatte Lust, Exekutivaufgaben zu übernehmen und mit einem Team zu arbeiten. Mit neununddreissig Jahren wurde ich in den Bundesrat gewählt, und damit ging mein Wunsch in Erfüllung, mit Stab und Bundesämtern zu arbeiten. Wichtig war mir eine offene Kultur und ein Team, in dem man sich versteht, aber auch optimal ergänzt und voranbringt. Dafür sind absolute Loyalität, absolutes Vertrauen und auch absolute Offenheit erforderlich.

GH Den Begriff des Absoluten mögen wir in der Wissenschaft nicht so gerne.

AB Loyalität und Vertrauen können nicht teilweise vorhanden sein, sie sind entweder vollständig gegeben oder eben nicht. Mir kommt wieder das Bild mit der Kerze in den Sinn, die an beiden Enden brennt. Jeder Einzelne, jede Einzelne muss sich vollständig ins Team einbringen können, das erfordert viel gegenseitige Grosszügigkeit. Man kann nicht jede individuelle Leistung, die man beigetragen hat, akribisch zählen, sondern muss mit vollen Händen geben, weil die Gemeinschaft und das gemeinsame Vorankommen wichtiger sind als die Einzelperson.

GH Sie legen einen starken Fokus auf die Vertrauenskultur in Ihrem Team und betonen ausdrücklich, dass es erlaubt ist, Fehler zu machen. Diese Offenheit birgt auch Gefahren, insbesondere für einen Krisenmanager, dem die meisten Leute vertrauen, der jedoch auch entschiedene Gegner hat.

AB Die Motivation für die Vertrauenskultur gründet in meinem Wunsch, offen über alles sprechen zu können, ohne mir Grenzen zu setzen, und – ganz wichtig – Fehler machen zu dürfen. Das führte in der Pandemie dazu, dass das Team gelegentlich in die Rolle psychologischer Begleiter und sozialer Unterstützer kam.

GH Der ehemalige deutsche Bundeskanzler Willy Brandt arbeitete eng mit Intellektuellen zusammen – dazu zählten Schriftsteller, Filmemacher, Maler und Bildhauer – und eröffnete so den Raum für gemeinsame Überlegungen zu wichtigen Themen. Gab es in Ihrer Tätigkeit ähnliche Reflexionsräume?

AB Als Bundesrat habe ich stets versucht, leere Zeitblöcke in meiner Agenda einzuplanen, um nachdenken zu können. Doch das gestaltete sich äusserst schwierig. Jedes Jahr führten wir zwei Retraiten mit dem Team durch, begleitet von gutem Essen. Einmal verbrachten wir einen Skitag in Wengen, ein anderes Mal unternahmen wir eine Wanderung in den Freiburger Alpen inklusive Tyrolienne-Abfahrten. Zudem lud ich regelmässig Gäste ein, um wichtige Themen zu besprechen; etwa eine ehemalige Bundesrätin für einen Austausch über Gesundheitspolitik oder einen ehemaligen Regierungsrat, um die kantonale Perspektive besser zu verstehen. Wir pflegten auch den Austausch mit Persönlichkeiten – beispielsweise dem Psychologen Pascal Wagner-Egger, der an der Universität Freiburg über Verschwörungstheorien forscht, oder mit dem Schriftsteller Giuliano da Empoli, dem Autor des Bestsellers »Der Magier im Kreml«. Ich initiierte auch Workshops zu spezifischen Themen – etwa über Blockchain, da ein Kollege von mir die Begriffe Bitcoin und Blockchain oft nutzte, ohne wahrscheinlich diese Technologie gut zu verstehen. Um das Verständnis weiter zu vertiefen, kaufte ich danach eine kleine Menge Bitcoins, um praktisch zu begreifen, wie die Währung funktioniert, wie man Geld einsetzt und wie es zurückfliesst. Am Ende wurde mir jedoch vorgeworfen, Bitcoin-Geschäfte zu betreiben.

GH Die Boulevardzeitung »Blick« hat kritisiert, dass Sie den falschen Anbieter gewählt hatten, da der kurz danach Opfer eines Hackerangriffs wurde, womit Ihre persönlichen Daten im Darknet landeten.

AB Immerhin verstehe ich jetzt viel mehr vom Potenzial und von den Risiken von Blockchain und Bitcoin.

GH In der Pandemie wurde es sicher noch erheblich schwieriger, leere Stellen in Ihrer Agenda einzuplanen. Sie und Ihr Team mussten über Jahre hinweg massiv Überstunden leisten. Wie konnten Sie Ihre Mitarbeitenden dazu motivieren? Oder waren diese alle von Natur aus so intrinsisch motiviert, dass sie bis zum Umfallen arbeiteten?

AB Mein Team war immer hoch motiviert und engagiert. Und auch sehr stabil. Zufälligerweise gab es einige Wechsel kurz vor Beginn der Pandemie. Nach acht Jahren war das auch vollkommen verständlich. Die neuen Teammitglieder mussten dann aber schnell merken, dass sie nicht im Normalmodus arbeiten würden. Ich und andere Mitarbeitende brachten dem Team Kontinuität und Erfahrung. Die Mischung aus bewährten Kompetenzen und neuen Kräften im Team hat sich als sehr gut herausgestellt. Eine Mitarbeiterin, die neben ihrer beruflichen Tätigkeit zwei Kinder grosszog, verliess das Team während der

Pandemie, auch aufgrund eines sehr attraktiven Jobangebots, das ihr gemacht worden war. Ab Sommer 2020 stabilisierte sich das Team, und es gab keine weiteren Wechsel. Die einzige Ausnahme betraf meinen Kommunikationschef, der wegen eines höchst fragwürdigen Verhaltens eines Staatsanwalts aus dem Amt gedrängt wurde. Er hat sich voll und ganz engagiert und damit einen wichtigen Beitrag zur Krisenbewältigung geleistet, wie wir alle.

GH Wie haben Sie im Alltag Ihr Team motiviert?

AB Motivation war selten ein Problem. Es war eigentlich immer so, dass viel Leistungsbereitschaft da war, zu gestalten oder eben die Krise zu bewältigen. Wir haben uns seit meinem Beginn als Bundesrat jeden Tag getroffen und eine Stunde Zeit genommen, um uns auf Augenhöhe auszutauschen und uns gegenseitig abzustimmen.

GH Trotzdem war die zeitliche Belastung enorm. Eine gemeinsame Mahlzeit in aller Ruhe war während Corona ein seltenes und ausserordentliches Team-Event.

AB Unsere Lebensqualität stürzte brutal ab. Und zwar auf ein sehr tiefes Niveau. 2020 organisierten wir trotzdem ein Team-Weihnachtsessen im Sitzungszimmer, mit Masken, Distanz und drei Kerzen. Dennoch war es ein schöner Moment des Zusammenseins, eine seltene Gelegenheit – aber auch ein wenig traurig. Kleinigkeiten wie beispielsweise gemeinsam eine Pizza essen, die man sonst kaum beachtet hätte, wurden plötzlich zu sehr besonderen Ereignissen.

GH Sie haben jetzt ausführlich von Ihrem persönlichen Team gesprochen. Wie erlebten Sie Ihre Arbeit im Team »Bundesrat«?

AB Zu Beginn waren wir im Bundesrat ebenso schockiert wie die gesamte Bevölkerung, das Parlament und die Parteien. Es handelt sich um eine Ausnahmesituation, die nicht nur die Bevölkerung, sondern auch den Bundesrat betraf. Meine Kolleginnen und Kollegen im Bundesrat hinterfragten meine Vorschläge stets kritisch, und es fand ein offener Austausch statt. Ich gab mir Mühe, mit meinem Stab die Sitzungen bestmöglich vorzubereiten, damit der Bundesrat gute Unterlagen hatte, um einen Konsens zu finden und die anstehenden Probleme schnell und effizient zu lösen.

Umgang mit Individualisten

GH Eine Herausforderung für Führungskräfte sind Individualisten, von Einzelkämpfern bis zu Narzissten, da diese oft die Selbstliebe und das Selbstverständnis der Führungskraft infrage stellen.

Zu Beginn der Pandemie gab es verschiedene Persönlichkeiten, die auf sehr individuelle Art kommunizierten. Wie gingen und wie gehen Sie nach wie vor mit solchen Menschen um?

AB Wie schon angetönt, in der Politik muss man sich bewusst sein, dass jede Person, mit der man zu tun hat, salopp gesagt, irgendwo ein Ego-Problem hat. Hätte man kein solches, würde man sich nicht in der Politik engagieren. Ich meine das nicht negativ, man könnte statt von einem Ego-Problem von einer starken Persönlichkeit sprechen. In der Politik muss man sich selber ziemlich viel zutrauen. Wer würde sich sonst schon auf eine Liste für eine Wahl setzen lassen, eine Kampagne führen, ein Parteiprogramm formulieren? Es ist also wichtig, damit zu rechnen, dass man es in der Politik nicht mit Durchschnittsmenschen zu tun hat. Dies trifft auch für grosse Firmen und Verbände zu. Wer bereit ist, einen Verein zu präsidieren, Chefredaktor einer Zeitung zu werden oder ein Unternehmen zu führen, das ins Ausland expandiert, braucht einen starken Gestaltungswillen. Ein starkes Ego ist immer Voraussetzung, wenn es darum geht, viel Verantwortung zu übernehmen und bereit zu sein, mit der Öffentlichkeit in Wechselwirkung zu treten. Unter all den Leuten, die eine leitende Funktion haben, gibt es auch solche, die ein reflektiertes Bewusstsein über ihr ausgeprägtes Ego haben.

GH Naiv gefragt, was ist das Problem, wenn man sein grosses Ego nicht reflektiert?

AB Die Probleme beginnen, wenn Sie sich nicht bewusst sind, dass es einen Unterschied zwischen Ihrer Person und der Macht Ihrer Funktion gibt. Der Umgang mit solchen erfolgreichen Personen ist schwierig, sie haben sehr oft keine Selbstdistanz und wenig Humor.

GH Die meisten Ego-Menschen sind nicht besonders erfolgreich, es sei denn, sie verfügen über eine »strategische« Sensibilität für andere Menschen, die ihnen hilft, diese für sich zu gewinnen. Können Sie konkret erklären, wie Sie mit erfolgreichen Personen mit grossem Ego umgehen?

AB Ich weiss nicht, ob ich diese Frage beantworten will. Für viele, die mich kennen oder zu kennen glauben, ist unser Gespräch über Ego-Menschen eine Zumutung. Sie könnten denken: »Das ist doch der Gipfel, dass ein derartig narzisstischer Politiker wie Alain Berset den Mut hat, uns Ratschläge zum Umgang mit Narzissten zu geben!«

GH Ich habe Sie im direkten Kontakt nie als besonders narzisstisch erlebt, und der Austausch mit einem Betroffenen wäre eine sehr aktuelle Herangehensweise an ein psychologisches Thema.

AB Ein Ratschlag lautet, das Ego genau zu beobachten und dieses Verständnis in allen Interaktionen zu berücksichtigen. Um dieses Wissen zu erwerben, braucht es eine gute Wahrnehmung und grosses Einfühlungsvermögen. Man muss herausfinden, was diese Personen bewegt. Interessant ist immer, wenn sich jemand ärgert. Sehr oft ist der Grund für den Ärger, den jemand angibt, nicht der wahre Ursprung. Den muss man selbst herausfinden.

GH Wie gestalten Sie Beziehungen zu Ego-Menschen konkret?

AB Ich versuche, – wie mit allen – immer im direkten, persönlichen Kontakt zu bleiben. Schwierig wird es, wenn die Person diesen Kontakt ablehnt. Das geschieht aber sehr selten, weil wir doch alle eine gewisse Kinderstube haben und wissen, wie man sich in der Gesellschaft verhalten sollte. Und dann muss man bereit sein, seine Funktion mit seiner Persönlichkeit auszufüllen. Zum Beispiel: Die Politikjournalisten, die gelegentlich auch Ego-Menschen sind, spielen ihre Rolle als Journalisten, und wir Politiker spielen unsere Rolle als Politiker. Dabei darf man die Realität nicht mit diesem Spiel verwechseln und muss sich immer wieder fragen: Was ist meine Funktion?

GH Dies ist besonders wichtig, wenn man seine Funktion verliert oder aufgibt.

AB Ja, Menschen, die sich zu stark mit ihrer Funktion identifizieren, fallen in eine Leere, wenn diese wegfällt. Das ist ein guter Test. Bis jetzt bin ich noch nicht in eine Leere gefallen.

GH Zurück zum Umgang mit Individualisten. Der ehemalige Leiter der Abteilung Übertragbare Krankheiten beim Bundesamt für Gesundheit, der in der ersten Phase der Pandemie erfolgreich kommunizierte, machte in seinem medialen Erfolg eine seltsame Entwicklung durch. Er veröffentlichte eigenartige Videos, in denen er beispielsweise in einem Anzug in die reissende Aare stieg, seine Post-Corona-Frisur in einem Youtube-Video präsentierte, einen Humorpreis gewann und schliesslich zum »Mister Ukraine« mutierte. Selbst als Psychiater muss ich sagen, dass dieses Verhalten für einen Chefbeamten, der offiziell für die Bekämpfung von Pandemien in der Schweiz zuständig ist, doch – um es vorsichtig auszudrücken – recht farbenfroh war.

AB Ich muss sagen, dass wir immer eine sehr gute Zusammenarbeit hatten. Er behielt bei Massnahmen immer die Gesellschaft und die Auswirkungen auf sie im Auge. Er hatte auch einen guten Sinn dafür, wie Massnahmen konkret umgesetzt werden konnten. Diese Entwicklung, die Sie erwähnt haben und die ich nicht beurteilen möchte, da sie persönlicher und privater Natur ist, vollzog sich erst nach seiner Pensionierung. Allgemein versuche ich, mit Menschen, die andere Meinungen vertreten oder ein Verhalten zeigen, das ich als wenig hilfreich erachte, in Kontakt zu bleiben, beispielsweise durch wiederholte telefonische Gespräche. Meine Erfahrung zeigt, dass es nützlich sein kann, all jene, mit denen man zusammenarbeiten und einen Konsens finden muss, in einem Raum zu versammeln. Ganz am Anfang der Pandemie hatten wir etwa mit den Vertretern des Bundesamtes viele Sitzungen. Wir waren alle in einem Raum vor einem Computer, um die Notverordnungen als Vorschlag für den Bundesrat gemeinsam zu formulieren. In diesem geschlossenen Raum gab es keine Kommunikationsprobleme. Die räumliche Nähe förderte den Teamgeist, auch von Menschen mit starkem Ego.

GH Ein eher problematisches Beispiel eines Individualisten, mit dem Sie während der Pandemie zu tun hatten, war der damalige Präsident des Schweizer Gastronomieverbands, Casimir Platzer, einer der scharfen und mächtigen Massnahmenkritiker. Haben Sie ihn persönlich gekannt?

AB Zu Herrn Platzer möchte ich mich nicht äussern. Nur so viel: Trotz allen Schwierigkeiten und Differenzen bin ich überzeugt, dass alle ihr Bestes gegeben haben. Allgemein haben wir sehr viele Briefe und E-Mails erhalten, die positiv waren und unsere Politik unterstützt haben. Wir erhielten aber auch negative und kritische E-Mails, etwa mit Links zu Youtube-Videos, die behaupteten, dass es absolut keine Pandemie gebe. Etwa in der Art: »Das Virus ist eine Erfindung. Es gibt kein Virus.« Zum Glück waren die positiven Feedbacks aus der Bevölkerung zwanzigmal häufiger als die negativen.

GH Wie sind Sie mit der Kritik umgegangen?

AB Mit Interessenvertretern, deren Ansichten stark von denen des Bundesrates abwichen, habe ich mich mehrfach getroffen und ihnen aufmerksam zugehört, in der Hoffnung, in ihren Aussagen brauchbare Ideen zu finden. Im Nachhinein bin ich mir nicht sicher, ob die vielen Verhandlungen an Vierer- oder Sechsertischen mit Vertretern von Interessengruppen wirklich immer produktiv waren. Allgemein waren sie produktiv, wenn es um die Umsetzung ging, aber wenig hilfreich, wenn es um die Notwendigkeit der Massnahmen ging. Man muss aber immer alles versuchen.

Atomisierung der Gesellschaft

> Der Begriff **soziale Atomisierung** bezieht sich auf die Tendenz, dass sich Menschen oder kleine soziale Gruppen wie isolierte Atome verhalten, ohne gemeinsame Werte oder kollektive Energien. Diese Atomisierung trägt durch die Bildung von Filterblasen und Echokammern zur Verzerrung der Wahrnehmung und Überzeugungen bei. Dies verstärkt die Isolation, Entfremdung und Polarisierung innerhalb der Gesellschaft und fördert die Entwicklung eines Individualismus, der die persönliche und soziale Resilienz schwächt. Filterblasen und Echokammern werden durch digitale Medien und soziale Netzwerke verstärkt, die durch Algorithmen personalisierte Inhalte liefern. Diese Algorithmen neigen dazu, Inhalte zu bevorzugen, die den bestehenden Überzeugungen und Präferenzen der Nutzer entsprechen, wodurch abweichende Meinungen und Informationen ausgeblendet werden. Dies führt zu einer verzerrten Wahrnehmung der Realität, da die Nutzer überwiegend Informationen sehen, die ihre eigenen Ansichten bestätigen.

GH Die zunehmende Individualisierung betrifft nicht nur Führungspersonen, sondern die ganze Gesellschaft. Dies zeigt sich etwa in der Zunahme der erlebten Einsamkeit, einer Abnahme der gegenseitigen Unterstützung und der sozialen Resilienz. Seit der Pandemie hat sich das noch verstärkt. In England gibt es ein Ministerium, das sich ausschliesslich mit Einsamkeit auseinandersetzt. Wie sehen Sie diese Entwicklung?

AB Ich sehe diese Entwicklung als eine Atomisierung der Gesellschaft. Sie begann schon lange vor der Pandemie. Es gibt einen Druck auf die Menschen und soziale Gruppen, der sich in den letzten dreissig Jahren stark erhöht hat.

GH Woran denken Sie konkret? An den Druck am Arbeitsplatz?

AB Ja, daran auch. Am Anfang des letzten Jahrhunderts war die Arbeit körperlich im Durchschnitt anspruchsvoller, zudem gab es noch die Sechstagewoche. Aber den mentalen Druck und die ständige Erreichbarkeit gab es noch nicht. Als ich vor dreissig Jahren an der Universität Neuenburg arbeitete, kannten wir noch keine E-Mails. Man versuchte, eine Person telefonisch zu erreichen oder persönlich zu treffen. Wenn sie sich in ihrem Büro befand, war sie erreichbar, und wenn nicht, versuchte man es eine Stunde später nochmals. Voilà. Die moderne Erreichbarkeit ist sicher eine Belastung. Und dann gibt es den zunehmenden Wettbewerb, für den es keine Grenzen gibt. Menschen haben aber Grenzen. Dazu kommt der technische Fortschritt. Und die Summe unserer Kenntnisse verdoppelt sich in einem gewissen Zeitraum. Eine Verdoppelung von hundert auf zweihundert ist vielleicht noch gut zu verdauen. Inzwischen ist es eine Zunahme auf vierhundert, dann achthundert und so weiter. Doch unser Hirn hat Grenzen. Diese Entwicklung erzeugt einen ungesunden Druck.

GH Wie hängt dieser Druck der Erreichbarkeit und des technischen Fortschritts mit der Atomisierung der Gesellschaft zusammen?

AB Der Druck führt zu einem Rückzug in den sicheren Hafen. Das ist oft die Familie oder der Freundeskreis. Es braucht einen Raum für viel Ruhe und Entspannung, um den Druck zu verdauen.

GH Dazu kommt, dass mit zunehmender Leistungsorientierung, der Forderung nach ständiger Erreichbarkeit und dem technischen Fortschritt auch viele Freizeitbeschäftigungen Teil des

Druckes geworden sind. Führt der Druck dazu, dass sich unsere Werte ändern?

AB Ich beobachte eine Relativierung, aber auch eine Individualisierung der Werte. Vor hundert Jahren waren die Werte eher kollektiv, nun werden sie zunehmend individuell. Jeder versucht, sich seine eigene Welt zu bilden. Was hat für mich höchste Priorität? Was sind meine Werte? Zudem gibt es eine riesige Vielfalt an Modellen.

GH Hat die Pandemie die Atomisierung noch gefördert?

AB Ich glaube nicht. In Bezug auf die Atomisierung der Gesellschaft war die Pandemie eine vernachlässigbare Komponente. Nur weil man zu Hause bleiben muss, ändert sich an dieser Entwicklung nichts. Vielleicht geschah sogar das Gegenteil: weniger Erreichbarkeit, zum Teil weniger Leistungsdruck, mehr Solidarität – zumindest am Anfang der Pandemie. Viele Menschen wurden sich in der Pandemie bewusst, wie wichtig die Gemeinschaft ist.

GH Eine Problematik der sozialen Atomisierung ist das schwindende Vertrauen in die Politik und in die Institutionen. Gemäss einer Umfrage in Deutschland haben nur siebenundzwanzig Prozent der Bevölkerung Vertrauen in die Parteien. Hat die Pandemie diesen Vertrauensverlust verstärkt?

AB Die Werte für die Schweiz sind doch sehr stabil. Die direkte Demokratie in der Schweiz erlaubt es, dies besser zu verstehen. Die Volksinitiativen geben der Bevölkerung die Macht, eine Regelung gegen die Behörden durchzusetzen. Ausserdem gibt es bei jeder Gesetzesänderung – das sind jährlich über hundert – die Möglichkeit, sie mit einem Referendum infrage zu stellen. Doch trotz den umfassenden Einflussmöglichkeiten der Bevölkerung gibt es auch in der Schweiz Menschen, die sagen: »Wir trauen der Politik nicht mehr!« In Deutschland oder Frankreich ist es einfach, den Vertrauensverlust auf das politische System zurückzuführen. Aber bei uns zeigt sich trotz einem ganz anderen System die gleiche Entwicklung. Der sogenannte Vertrauensverlust ist oft ein Pseudoargument für fehlendes eigenes politisches Engagement und für die fehlende Bereitschaft, Entscheide der Mehrheit zu akzeptieren.

GH Während der Pandemie gab es in der Schweiz drei Abstimmungen zur Pandemiepolitik. Gewisse Personen haben sich unglaublich stark für die Ablehnung Ihrer Politik engagiert.

AB Das ist völlig legitim, wenn engagiert für die eigene Position gekämpft wird. Problematisch fand ich, dass dann ein Teil dieser Leute das »Ja« der Mehrheit nicht akzeptiert hat. Dies ist ein Zeichen von Atomisierung: »Die Demokratie ist gut, solange sie genau das macht, was ich will.« Wenn sie etwas anderes will, sagt man, der Staat sei eine Aktiengesellschaft oder es gebe so etwas wie Geheimbünde, die das Ziel hätten, dem Volk bewusst zu schaden.

Ambivalenzfähigkeit Der Begriff »Ambivalenzfähigkeit« in der Ethik bezieht sich auf die Fähigkeit, widersprüchliche oder gegensätzliche Gefühle, Einstellungen oder Überzeugungen gleichzeitig zu haben und zu tolerieren. Diese Fähigkeit ist besonders wichtig in ethischen Diskussionen und Entscheidungsprozessen, da sie es ermöglicht, komplexe und vielschichtige Probleme zu betrachten und zu verstehen, ohne sie sofort zu vereinfachen oder auf eine einseitige Perspektive zu reduzieren. Psychologisch bedeutet Ambivalenzfähigkeit, in der Lage zu sein, sowohl positive als auch negative Aspekte einer Situation oder Entscheidung zu erkennen und anzuerkennen.

GH Erwarten Sie von Ihren Kritikern, dass sie stets tolerant und ambivalenzfähig sind?

AB Es geht um die Bereitschaft, Entscheide der Politik zu akzeptieren. Die Präsidentin der Ethikkommission hat in diesem Zusammenhang den Begriff Ambivalenzfähigkeit verwendet. Politisch geht es darum, dass die Bevölkerung Politiker wählt, die in normalen wie auch in Krisenzeiten entscheiden müssen. Die Bürgerinnen und Bürger müssen natürlich nicht mit allen Entscheiden einverstanden sein, und sie dürfen, sollen Kritik üben. Es ist für eine Demokratie aber wesentlich, dass man Respekt hat für die schwierige Position, in der sich politische Entscheidungsträger befinden. Man wählt sie, damit sie entscheiden. Und es gehört zur Demokratie, dass man die Entscheide akzeptiert, die in deren Kompetenz liegen. Das gilt nicht nur für Volksentscheide, sondern auch für Entscheide des Parlaments oder des Bundesrates.

GH Und was ist die Aufgabe der Medien? Stehen sie nicht in der Pflicht, Widersprüche und Unstimmigkeiten ohne Rücksicht auf Ambivalenzen aufzuzeigen?

AB Die Medien und politische Gegner sollen Entscheide kritisieren, und es ist ihre Aufgabe, auf Missstände hinzuweisen und diese aufzuarbeiten. Meines Erachtens ist es aber auch wichtig, dass insbesondere politische Gegner und die Medien – gerade in Zeiten der Krise – gleichzeitig auch betonen und vorleben, dass einmal korrekt gefällte Entscheidungen zu respektieren sind. Alles andere spaltet die Gesellschaft und erschwert die Bewältigung einer Krise.

GH Gab es Veränderungen der Ambivalenzfähigkeit während der Pandemie?

AB Diese Akzeptanz war zu Beginn der Krise fast zu hoch, wurde dann aber im Verlauf der Krise deutlich geringer, manchmal oder bei einigen Personen zu niedrig. Die schwindende Ambivalenzfähigkeit war ein enormer Stress für die Entscheidungsträger und hat die Krisenbewältigung massiv erschwert. Als Gesellschaft sollten wir dies noch aufarbeiten. Die Ambivalenzfähigkeit der grossen Mehrheit der Bevölkerung, welche die Massnahmen sehr pflichtbewusst umgesetzt hat, war übrigens stets recht hoch. Das zeigen auch die Abstimmungen zum Covid-Gesetz.

GH Kommen wir zurück auf die starke Ablehnung Ihrer Politik. Glauben Sie, dass dies ein neues Phänomen ist? Haben Massnahmen, die man infrage stellen kann, nicht immer viel Unwillen provoziert?

AB Neu ist, dass die Menschen in einer atomisierten Gesellschaft nur noch sehr wenig mit der sozialen Realität konfrontiert werden. Sie können sich heute durch die sozialen Medien unter sich solidarisieren und die Realität umschiffen – in diesem Sinne sind die neuen Medien für solche Leute ein Glücksfall. In dem Dorf, in dem ich aufwuchs, gab es Stammtische. Es gab immer einen am Tisch, der querschlug, der etwa behauptete, die bemannte Mondlandung sei eine trickreiche Erfindung der Amerikaner. Die anderen am Tisch haben ihn aber ermahnt: »Hey, bitte, komm zur Vernunft.« Er musste akzeptieren, dass die meisten seine Meinung nicht teilten. Heute sitzt er nicht mehr am Stammtisch, wo vier andere sagen: »Du spinnst!«, sondern er trifft sich mit Gleichgesinnten in einer Bubble sozialer Medien. Das verstärkt seine Verzerrung der Realität.

GH Ich stimme zu. Es gab diese Menschen schon immer, aber sie werden durch die sozialen Medien und die Atomisierung der Gesellschaft bestärkt.

AB Dies sieht man auch am enormen Erfolg der Medienplattformen, die Verschwörungstheorien verbreiten. Diese Theorien haben die Funktion, Sicherheit in eine unsichere Welt zu bringen. Unsichere Menschen haben die Tendenz, solche Theorien für die Wahrheit zu halten, weil es sie beruhigt. Die Vorstellung einer flachen Erde wirkt beruhigend.

GH Was kann man gegen diese Bubbles tun?

AB Als Politiker muss man direkt mit den Leuten sprechen und ehrlich sein.

GH Das ist eine Herausforderung. Auch für Politiker ist es verlockend, zu vereinfachen und Komplexität auszublenden, also quasi die Erde als flach zu bezeichnen.

AB Stimmt, denn die Welt als Kugel darzustellen, ist kommunikativ anspruchsvoller. Politiker müssen über Kommunikationstalent verfügen. Nur so können sie authentisch und glaubwürdig bleiben.

GH Ist Authentizität Ihre Stärke?

AB Allgemein sollte die Politik authentischer werden. Dies beinhaltet, sich so zu zeigen, wie man ist, und beispielsweise zu sagen: »Ich bin zwar Gesundheitsminister, rauche aber ab und zu gern eine Zigarre.« Es ist nicht gut, seine Zigarren heimlich zu rauchen. Ehrlichkeit gibt den Menschen das Signal: Der Politiker ist offenbar auch nicht perfekt, also darf auch ich unperfekt sein. Dies hilft, Druck wegzunehmen. Aber die Politik kann leider nicht anordnen, dass sich die Leute wieder mehr treffen und austauschen sollen, um andere Perspektiven kennen zu lernen.

GH Welche Rolle spielen die Medien?

AB Ich glaube, sie können das Bild der Unzufriedenheit in der Bevölkerung verstärken. Man muss eine ziemlich geringe Resilienz haben, um auf einen Zeitungsartikel, der einem nicht gefällt, einen bösen Kommentar zu schreiben. Diese Kommentare können den Journalisten den falschen Eindruck geben, hierzu existiere ein grosser Ärger in der Bevölkerung. Doch diese Kommentare widerspiegeln nicht, was das Volk denkt, sondern die Meinung einer kleinen, besonderen Gruppe.

Soziale Unterstützung

Soziale Unterstützung und Resilienz In der Stressverarbeitung spielt soziale Unterstützung – oft als Stresspuffer bezeichnet – eine entscheidende Rolle. Die Intensität der sozialen Unterstützung variiert bei jedem Menschen, ist in der subjektiven Wahrnehmung aber erstaunlich bedeutend. Ein gutes Beispiel ist J. K. Rowling, die Autorin von Harry Potter. Sie durchlebte eine schwere Zeit, bevor sie berühmt wurde. Sie war alleinerziehende Mutter, kämpfte mit finanziellen Problemen und litt unter Depressionen. In dieser schwierigen Phase spielte die Unterstützung ihrer Freunde und ihrer Familie eine entscheidende Rolle. Ihre Freunde halfen ihr, indem sie auf ihre Tochter aufpassten, damit Rowling Zeit zum Schreiben hatte. Ihre Familie bot ihr emotionale Unterstützung und ermutigte sie, weiter an ihren Traum zu glauben.

GH Insbesondere während der Pandemie standen Sie unter erheblichem Stress und wurden zudem von vielen Personen attackiert. Wer hat Sie in dieser Zeit unterstützt?

AB Die Unterstützung meiner Familie war eine grundlegende Voraussetzung, um Verantwortung übernehmen zu können, jedoch in einem sehr allgemeinen Sinn. Die enge Zusammenarbeit mit meinem Team spielte auch eine zentrale Rolle. Ich konnte meine Mitarbeitenden jederzeit telefonisch erreichen, ohne auf die Uhrzeit achten zu müssen, auch am Wochenende. Zudem war die Integration vieler Informationen und Meinungen, die die Schweizer Politik prägen, von grosser Bedeutung. Ich stand ständig in Kontakt mit den Kantonen, den anderen Bundesratsmitgliedern, den Parteien, dem Parlament und den wichtigsten Interessenvertretern. Wichtig waren auch meine persönlichen Kontakte ausserhalb der Politik. Es gab Personen, die ich regelmässig angerufen habe, um mein Gespür für die gesellschaftliche Situation zu erweitern. Am Ende habe nicht ich, sondern der Gesamtbundesrat entschieden. Die volle Mitwirkung des Bundesrates war entscheidend. Wir haben viele Entscheidungen gemeinsam angepasst. Ich war nie allein, aber meistens im Zentrum. Lediglich bei grossen Meinungsverschiedenheiten mit den Fachleuten oder im Bundesrat fühlte ich mich manchmal allein.

GH Mein Eindruck war, dass Ihr Team bei der sozialen Unterstützung eine zentrale Rolle spielte.

AB Das ist so. Ich habe mich von meinem Team immer stark unterstützt gefühlt, was für mich von grosser Bedeutung war. In zwei Momenten, in denen ich mich aufgrund besorgniserregender Morddrohungen sehr unsicher fühlte, informierte ich mein Team, und es organisierte sich sofort, um mich zu unterstützen. Auch während meiner früheren politischen Karriere als Bundesrat gab es kurze Momente, in denen ich spürte, dass ich auf ein Burn-out zusteuerte. Dieses Gespür hat auch mit meiner vorherigen sportlichen Betätigung zu tun. Ich habe ein gutes Bewusstsein dafür, wie es mir geht. Zum Beispiel im Jahr 2017 habe ich das auch kommuniziert: »Ich bin erschöpft«, teilte ich meinem Team direkt mit. »Ihr müsst jetzt meine Agenda leeren. Ich kann nicht mehr. Ich brauche Zeit zum Durchatmen.« Das Team hat sofort reagiert, Termine abgesagt und alles umorganisiert. Wie gesagt: Die Tatsache, dass ich mein Team jederzeit anrufen konnte, wirklich rund um die Uhr, war immer wichtig für mich und gab mir die Gewissheit, sehr gut unterstützt zu sein.

GH Die soziale Unterstützung beinhaltet nicht nur die emotionale, sondern auch die technische und fachliche Unterstützung. Fühlten Sie sich von den Fachleuten immer gestützt?

AB Die fachliche Unterstützung erhielt ich von den Ämtern, dem Bundesamt für Gesundheit und anderen. Gegenüber den Bundesangestellten war ich immer sehr fordernd, habe sie aber immer auch stark verteidigt. Sie haben das wahrgenommen und geschätzt, obwohl sie lieber mehr Spielraum gehabt hätten. Die Politik im Bundesrat ist ziemlich einfach: Man führt oder wird geführt. Es gibt keine dritte Möglichkeit.

GH Sie erwähnten die Wichtigkeit Ihrer Familie. Können Sie noch mehr dazu sagen? In welcher Weise hat Ihre Familie Sie unterstützt?

AB Ja, meine Familie hat mich stark unterstützt. Doch viel möchte ich dazu nicht sagen, es ist meine Privatsphäre. Sonst war es mit der privaten Unterstützung eher schwierig. Ich hatte über Jahre kaum Energie, Menschen ausserhalb meines Jobs zu sehen. Dadurch hat mein Sozialleben stark gelitten. Das war schon vor der Pandemie so, aber es litt dann noch mehr in der Pandemie. Ich hatte so viel zu tun. Wenn ich eine halbe Stunde für mich hatte, legte ich mich hin und hörte Musik. Mehr war nicht möglich. Soziale Unterstützung war in diesem Moment kein Thema.

GH Sie haben drei Kinder. Wie war das Verhältnis mit ihnen in der Krise? Sie waren sehr beschäftigt, und da waren auch die Morddrohungen.

AB Sie haben das gut gemeistert. Ich glaube, dass sie die Pandemiezeit nicht ganz so schlecht erlebt haben. Dazu möchte ich nicht mehr sagen, da es sehr privat ist.

GH Die Mehrheit der Bundesräte, die in der Pandemie tätig waren, war kinderlos. Immer mehr Menschen mit anspruchsvollen beruflichen Aufgaben verzichten auf Kinder. Sie haben drei Kinder. Ist das immer gut gegangen?

AB Meine Familie ist ein Beweis dafür, dass man auf Kinder nicht verzichten muss. Unsere waren vier, sechs und acht Jahre alt, als ich Bundesrat wurde. Ich möchte die Rolle der Elternschaft nicht überbetonen, aber es war schon so, dass es mein Verständnis für die Situation in der Pandemie unterstützt hat, etwa bei der Wahl von Gruppen, die sich treffen durften, oder bei der Einstellung zu Schulschliessungen. Die persönliche Erfahrung hilft, unterschiedliche Perspektiven einzunehmen.

GH Die Erkenntnisse der Stressforschung deuten darauf hin, dass oft nicht einzelne Personen als Stresspuffer dienen, sondern vielmehr ein soziales Netzwerk, das auch als soziale Integration bezeichnet werden kann. Sie haben bereits einzelne Elemente dieses Netzwerks genannt, darunter Familie, Freunde und Ihr Team. Zusätzlich können auch Nachbarn oder die Öffentlichkeit eine unterstützende Rolle spielen.

AB Die Unterstützung der Öffentlichkeit war für mich von grosser Bedeutung. Ich erinnere mich etwa an einen Tag, es war im Jahr 2017 oder 2018, an dem ich völlig erschöpft war und am Abend vor fünfhundert Personen einen Vortrag halten musste. Ich hatte keine Energie mehr, bin aber trotzdem hingegangen. Zu meiner Überraschung habe ich dort eine sehr schöne Resonanz gespürt. Beim anschliessenden Empfang hatte ich direkten Kontakt mit Menschen, die ausserordentlich positiv und freundlich waren. Das hat mir so gutgetan, dass meine Batterien sich im Nu wieder aufgeladen haben. Solche Erlebnisse hatte ich oft. Meine Erfahrung zeigt, dass selbst eine Gemeinschaft, die man nicht näher kennt oder genau einschätzen kann, viel Energie spenden kann. Das ist ein Aspekt, den ich vermutlich in Zukunft vermissen werde, jetzt, da ich nicht mehr im Bundesrat bin.

GH Das erinnert mich an den Schweizer Schriftsteller Max Frisch, der den Ausdruck »Öffentlichkeit als Partner« geprägt hat. Frisch hat diese Partnerschaft nicht nur positiv erlebt. Er erhielt nicht nur Zustimmung und Lob, sondern auch viele Hassbriefe.

AB Es gibt Politiker, die mit grossen Ansammlungen von Menschen nicht umgehen können. Sie begreifen nicht, wie wichtig dieser Austausch ist und dass die Politik zur Hölle wird, wenn man den Umgang mit Menschen nicht mag.

Training in Selbständigkeit

GH Soziale Unterstützung hat den Nachteil, dass man von anderen Personen abhängig werden kann. Auch die Unterstützer müssen immer wieder versuchen, nicht nur zu helfen, sondern die unterstützten Personen zu stärken und deren Selbständigkeit zu fördern. Sie sind im Alter von neunzehn Jahren neun Monate lang allein in Südamerika umhergereist. War das ein Training in Unabhängigkeit?

AB Es war eine echte Herausforderung für mich. Zu jener Zeit gab es keine SMS, keine E-Mails und kein Internet. Meine einzige Verbindung zur Heimat bestand aus gelegentlichen Briefen. Die Einsamkeit zwang mich dazu, täglich neue Kontakte zu knüpfen, ich war immer offen für Diskussionen und reiste ab und zu auch in Gesellschaft von Menschen, die ich kennen lernte. Das war eine äusserst faszinierende Zeit. Diese neun Monate in der Fremde brachten mir nicht nur neue Bekanntschaften, sondern halfen auch, meine Selbstorganisation zu verbessern. Ich musste jeden Tag, aber auch Wochen und Monate im Voraus planen, eigenständig aktiv sein und die Dinge in Angriff nehmen. Obwohl ich oft von meinen Plänen abwich, gab ich meine Ziele niemals auf. Ich trug zu hundert Prozent die ganze Verantwortung für mich selbst.

GH Würden Sie einen solchen Aufenthalt auch Ihren Kindern empfehlen?

AB Es ist bedauerlich, dass solche Erfahrungen heutzutage nicht mehr so leicht möglich sind. Junge Menschen stehen ständig über das Internet mit Familie und Freunden in Verbindung, was die Intensität solcher Aufenthalte einschränkt. Dennoch halte ich es für äusserst wichtig, als junger Mensch seine Komfortzone zu verlassen. Ja, ich würde es meinen Kindern empfehlen. Meine Reise nach Südamerika zwang mich dazu, aktiv zu sein, auf andere zuzugehen, mich zu organisieren, und – ich habe es vorher bereits gesagt – ich habe viel über mich selbst gelernt. Ich entdeckte meine Leidenschaft für Bewegung, denn ich verweilte nie lange an einem Ort. Die Bewegung fand sowohl in meinem Geist statt, wenn ich nach Lösungen suchen oder Entscheidungen treffen musste, als auch physisch und geografisch.

Zusammenfassung

Alain Berset haben in der Krise fünf Punkte geholfen, seine sozialen Netzwerke auch in Zeiten der Atomisierung der Gesellschaft aufrechtzuerhalten.

1. *Soziale Sensibilität:* Seine Lebenserfahrung, die direkte Beobachtung, aber auch Statistiken halfen Alain Berset, die Situation der Bevölkerung zu verstehen. Bei der Einstellung von zusätzlichen Mitarbeitenden beachtete er nicht nur die Lebensläufe, sondern traute im persönlichen Einstellungsgespräch seinem Gefühl, ob jemand ins Team passte und wie gross die Chance war, dass sich eine Verbundenheit einstellen würde.
2. *Arbeiten im Team:* Mit dem Aufbau des Vertrauens in seinem Stab und der Bekämpfung der Null-Fehler-Mentalität schaffte Alain Berset in seinem Team eine offene Arbeitskultur, die den Austausch förderte und hohe, auch kreative Leistungen ermöglichte.

3. *Umgang mit Individualisten:* Auf Individualisten, Einzelkämpferinnen und Narzissten ging Alain Berset aktiv zu und suchte mit ihnen das Gespräch. Sein Motto war und ist selbstverständlich heute noch: Empathie ist besser als Konfrontation. Seine Erfahrung ist, dass Individualisten besser auf Ersuchen als auf harte Forderungen reagieren und dass es wichtig ist, ihnen aufmerksam zuzuhören, um gute Ideen nicht zu verpassen. Eine weitere Erkenntnis: Sitzungen in einem Raum, auch mit Maske und Abstand, haben dabei geholfen, Individualisten zur Zusammenarbeit zu bewegen. Der Nachteil ist, dass mit dieser Methode Individualisten gegenüber dem Durchschnittsbürger relativ viel Einfluss und finanzielle Mittel erhalten.
4. *Soziale Unterstützung:* Für Alain Berset ist eine starke soziale Unterstützung eine grundlegende Voraussetzung dafür, grosse Verantwortung übernehmen zu können. In der Krise stützte er sich neben seinem privaten Umfeld weitgehend auf sein Team und pflegte zusätzlich viele berufliche Kontakte. Direkte Begegnungen mit der Bevölkerung halfen ihm zudem, Kraft zu tanken.
5. *Training in Selbständigkeit:* Reisen und andere Projekte, die man ganz allein durchführt, haben den Vorteil, dass sie die Selbstorganisation, Eigeninitiative und das Vertrauen in die eigenen Fähigkeiten stärken.

3 Selbstkontrolle

Ein Athlet bleibt seinem Trainingsplan treu und trainiert regelmässig, auch wenn er an manchen Tagen keine Lust hat oder sich müde fühlt. In einem Streit oder einer hitzigen Diskussion bleibt ein Teammitglied ruhig und respektvoll, anstatt sich von seinen Emotionen überwältigen zu lassen und wütend oder beleidigend zu reagieren. Eine Studentin entscheidet sich, jeden Abend zu einer bestimmten Zeit zu lernen und Hausaufgaben zu erledigen, anstatt alles bis zur letzten Minute aufzuschieben oder sich durch Freizeitaktivitäten ablenken zu lassen. Was diese Personen auszeichnet, ist eine gute Selbstkontrolle, die ein Resilienzfaktor und eine Voraussetzung für das überlegte Entscheiden unter Stress ist.

Erfolgreiche Führungskräfte verfügen über eine überdurchschnittlich gute Selbstkontrolle und können Ruhe im Sturm bewahren. Diese Fähigkeit ermöglicht es ihnen, lebendig und authentisch zu wirken sowie zu kommunizieren, ohne sich von Emotionen überwältigen zu lassen. Entscheidend ist dabei die Bereitschaft, kurzfristige emotionale Vorteile und Versuchungen zugunsten langfristiger Ziele zu überwinden.

Die Ruhe im Sturm

Gregor Hasler   Herr Berset, wir haben bereits darüber gesprochen, was es psychologisch braucht, um eine erfolgreiche Führungsperson zu sein. Sie haben das Ego und das Selbstvertrauen genannt. Die psychologische Forschung wies nach, dass Selbstkontrolle der wichtigste Faktor für beruflichen Erfolg ist. Wie gehen Sie mit negativen Gefühlen wie Ärger, Wut, Frustration und Langeweile um?

Alain Berset Wichtig ist für mich die Erwartungshaltung: Als Politiker habe ich nie erwartet, dass ich dauernd auf dem roten Teppich gehe, schöne Anlässe besuche und entspannt den Courant normal, also die üblichen Tagesgeschäfte, bewältige. Ich rechnete immer mit der Krise. Deshalb war ich mental gut vorbereitet, als die Pandemie kam. Neben dieser Haltung spielt bei mir ein psychologisches Moment mit, nämlich, dass ich unter Druck ruhiger werde. Je schwieriger und ernster die Situation wird, desto besonnener werde ich. Das ist keine Technik, die ich anwende, es passiert einfach.

Der beruhigende »Tunneleffekt« in Notlagen Extremer Stress hat in der Regel negative Auswirkungen auf den Körper und die Psyche, doch es gibt Ausnahmen, bei denen extremer Stress paradoxerweise zu einem Zustand der Beruhigung führen kann. Dieses Phänomen tritt insbesondere in lebensbedrohlichen oder extremen Situationen auf und wird auch als »tunnel effect« beschrieben. In solchen Momenten kann der Körper eine grosse Menge Adrenalin ausschütten, was die Sinne schärft und den Fokus erhöht. Dies kann zu einem Gefühl der Klarheit und Ruhe führen, da alle anderen Gedanken und Emotionen ausgeblendet werden und die Person sich vollständig auf die unmittelbare Herausforderung konzentriert. Soldaten, Extremsportlerinnen und Erste-Hilfe-Leistende berichten manchmal von solchen Erfahrungen, in denen sie in einer extremen Situation plötzlich eine tiefe, ruhige Konzentration erleben.

GH Was Sie beschreiben, ist interessant. Es erinnert an den Tunneleffekt.

AB Nein, es war nicht wie in einem Tunnel, und die Ruhe hatte auch ihre Grenzen. Zu Beginn der Pandemie erlebte ich die unsichere und komplexe Situation als sehr ernsthaften Moment und wurde dabei ruhig; mein Denken wurde fokussiert. Fröhlichkeit und Beschwingtheit nahmen ab. Es gab nichts mehr zu lachen. Später wurde die Ungewissheit aber zuweilen so gross, dass ich gelegentlich die Nerven verlor.

GH Ihre Haltung und Ihre Hirnphysiologie haben Sie gut auf die Krise vorbereitet. Es gibt aber auch mentale Übungen, welche die Selbstkontrolle in der Krise stärken. Haben Sie solche angewandt?

AB Das hätte nicht viel geholfen, denn man weiss im Voraus ja nicht, welche Rolle einem in der Krise zufällt. Aber: Im Jahr 2014 gab es eine Sicherheitsverbundsübung mit Bund und Kantonen, um mögliche Krisen zu trainieren. Interessanterweise haben wir die Krisentypen Pandemie und Stromausfall geübt. In der Übung präsentierte sich jede Behörde und jede Führungsperson als stark und spielte ihre Wunschrolle. Die Pandemie, die wir für die Übung als Szenario wählten, war deutlich brutaler als die Covid-Pandemie, und obwohl die Übungsanlage von vielen Toten ausging, meisterten die Kantone die Situation allein. Trotz beispielsweise zweitausend – angenommenen – Toten in einem Kanton war dessen Regierung der Ansicht, dass es keine Unterstützung durch den Bund brauche. Als die reale Pandemie dann auftrat, war die Situation eine ganz andere. Die Kantone haben fast sofort um Unterstützung beim Bund nachgefragt. Dieses Beispiel zeigt die Grenzen solcher Übungen auf, weil jeder und jede davon ausgeht, dass er oder sie in der Realität in der Wunschrolle agieren wird. Dazu kommt, dass es unmöglich ist, seine Fähigkeiten in einer Krise im Voraus einzuschätzen. Einige Leute, die ich als solide und resilient wahrgenommen hatte, erwiesen sich in der realen Pandemie als nicht wirklich krisenfähig. Andere, die vor der Pandemie eher unauffällig waren, hatten viel mehr das Zeug dazu, die Krise zu meistern.

GH Ahnten Sie, wie Sie in der Pandemie reagieren würden?

AB Nein, ich wusste es nicht. Ich war froh, schnell zu spüren, dass ich fähig war. Je brutaler die Situation am Anfang war, desto ruhiger wurde ich. Bis jetzt bedanken sich Unbekannte bei mir: »Sie waren für uns wichtig, weil Sie ruhig blieben und jemand am Steuer war, der wusste, wie es geht, und der den Eindruck vermittelte, dass er weiss, was zu tun ist.« Ruhe hilft, optimal zu kommunizieren. Der Anfang der Krise, als das Virus noch allein die Herausforderung war, lag mir am meisten. Später, als der soziale Stress zunahm und ich zunehmend attackiert wurde, nahm meine Resilienz ab.

Umgang mit emotionalen Ausbrüchen

GH Kam es vor, dass Sie bei abnehmender Resilienz Gefühlsausbrüche hatten?

AB Gefühlsausbruch ist vermutlich ein zu starker Ausdruck. Es kam aber vor, dass ich meinen Ärger im Team zum Ausdruck brachte, etwa bei einer gefühlten Ungerechtigkeit, wenn der politische Druck hoch war. Dieses Verhalten wurde als Zeichen meiner Überlastung wahrgenommen und führte zu Ungerechtigkeiten. Ich erkannte die Problematik und nahm sie ernst. Ich habe mich denn auch stets bemüht, mich bei den betroffenen Personen zu entschuldigen, sei es unmittelbar nach dem Vorfall oder auch nach einigen Tagen, wenn mir mein Fehlverhalten bewusst wurde. Entschuldigungen lösen das Problem der fehlenden Selbstkontrolle aber nicht. Während der Pandemie hat sich meine Selbstkontrolle jedoch verstärkt, und die ungerechte Behandlung meiner Mitarbeitenden wurde seltener.

GH Haben Sie sich schon vor der Pandemie gegenüber Ihren Mitarbeitenden impulsiv verhalten?

AB Besonders wenn der Druck hoch war. Dabei ist das immer sehr relativ. Im Nachhinein weiss ich, dass der Druck, den ich beispielsweise bei der nachhaltigen Sicherstellung der Altersvorsorge aushalten musste,* im Vergleich zu dem während der Coronakrise gering war. Vor allem das Zusammenkommen negativer Ereignisse war belastend; plötzlich wurde mir alles zu viel.

GH Können Sie ein Beispiel nennen?

AB Wenn die Covid-Zahlen stiegen, ein Covid-Zertifikat nicht funktionierte, der Impfstoff nicht geliefert werden konnte, gleichzeitig ein Shitstorm im Parlament losbrach, ein Journalist private Geschichten aufrollte – in solchen Situationen konnte ich explosiv werden. Oftmals reichte dann schon eine Kleinigkeit, damit ich impulsiv und ungerecht reagierte.

GH Gab Ihnen die Pandemie die Gelegenheit, sich besser kennen zu lernen?

---

* Abstimmung über eine Vorlage zur Sicherung der Altersvorsorge, die Alain Berset im Jahr 2017 verlor.

AB   Ja, absolut. Generell habe ich festgestellt, dass ich den politischen Druck und die Notwendigkeit, Entscheidungen zu treffen, erstaunlich gut bewältigen konnte. Schwierigkeiten hatte ich jedoch mit Zeitdruck. Es gab Tage, an denen ich zu jeder Sitzung zu spät kam, weil ich zeitlich überfordert war. Man könnte denken, dass eine kleine Verspätung nicht so schlimm und viel weniger belastend ist als die Notwendigkeit, unter Unsicherheit Entscheidungen zu treffen und Verantwortung zu übernehmen. Dennoch hat mich diese Unhöflichkeit belastet, bei jedem Treffen zu spät zu kommen. Das war seltsam.

GH   Was haben Sie gegen diesen Stress unternommen?

AB   Es war ganz einfach: Ich tat alles dafür, rechtzeitig zu den Sitzungen zu erscheinen. Dieses Ziel habe ich erreicht, indem ich darauf bestand, Pausen zwischen den Treffen einzulegen. Vor der Pandemie fand ich mich oft in Sitzungsmarathons von über zwölf Stunden wieder, ohne auch nur eine kurze Verschnaufpause zu haben. Selbst für eine kurze Pause zum Toilettengang musste ich mir Zeit stehlen. Doch dies habe ich während der Pandemie geändert. Ich beanspruchte bewusst Zeit für mich, in der ich einfach nur entspannen oder jemanden anrufen konnte.

Das Zwiebel-Modell

Selbstkontrolle als Lernprozess   Viele Menschen müssen die Selbstkontrolle lernen. Ein gutes Beispiel ist Roger Federer, der als Jugendlicher emotionale Ausraster hatte und nach einer Niederlage auch mal seinen Schläger zertrümmerte. Dies war seinen Eltern so peinlich, dass sie drohten, nicht mehr mit ihm auf die Tour zu kommen. Mit der Hilfe eines Psychologen lernte er, seine Selbstkontrolle zu verbessern, etwa durch Selbstgespräche, die ihn vom Frust ablenkten und ihm halfen, seine Leistung kritisch zu hinterfragen und sich neu auf das Spiel zu konzentrieren. Später wurde er ein Meister der Selbstkontrolle und ist als Tennis-Gentleman in die Geschichte eingegangen.

GH Mussten Sie Ihre Selbstkontrolle mühsam erlernen?

AB Nein, meine Selbstkontrolle war schon immer recht gut, wobei ich auch klar zwischen verschiedenen Lebensbereichen unterscheide. Zum Veranschaulichen benütze ich gern das Bild einer Zwiebel, die aus mehreren Schichten besteht. Im sehr engen Team, also in der innersten Schicht, war es für mich okay, wenn jemand, ich eingeschlossen, unrasiert und in Jeans kam und auch mal einen grenzwertigen Spruch machte. Im weiteren Kreis, im Generalsekretariat, wurde ich schon strenger. Beim Treffen mit einem Amt forderte ich, dass meine Mitarbeitenden eine Krawatte trugen und sich professionell benahmen. Im Treffen mit anderen Departementen mussten die Kleidung und das Verhalten noch kontrollierter sein. Auch von mir. Ich passe also die Selbstkontrolle der Situation an.

GH Und Ihre eigene Selbstkontrolle, passen Sie diese auch den Umständen an?

AB Ja, im engsten Kreis erlaube ich es mir, Dinge sehr direkt zu sagen. Die engsten Mitarbeitenden können sehen, wie ich wirklich bin und wie ich auf eine Situation emotional reagiere. Je grösser der Kreis wird, desto mehr kontrolliere ich diese emotionale Ehrlichkeit. Meine Selbstkontrolle war im Parlament und in der Öffentlichkeit am grössten. Dies hat dazu geführt, dass Vertreter der Medien mich als »Politmaschine« verkannt haben. Die Selbstkontrolle in der Öffentlichkeit verlangte mir einiges ab. Ich bin kein Roboter.

GH Wie passt Ihre Familie in dieses Zwiebel-Modell der Selbstkontrolle?

AB Das müssten Sie diese fragen, vorab meine Frau. Sie würde vermutlich sagen, dass ich in den Jahren als Bundesrat privat ungeduldiger und unduldsamer war. Danach wurde ich dann aber eher sanfter, in diesem Sinne hatte diese Zeit einen positiven Effekt. Meine Familie gehört auf jeden Fall zur allerinnersten Schicht, in der ich meine Emotionen zeige.

GH Welchen Einfluss hatte die Pandemie auf Ihre Selbstkontrolle?

AB Sie blieb im beruflichen Alltag unverändert hoch. Ich nahm sie aber bewusster wahr. Diese Selbstwahrnehmung ist ein Ausdruck der Erfahrung.

Angstmanagement

GH Sie sprechen oft von Druck, aber nie von Angst. Hat die Pandemie Ihnen nie Angst gemacht?

AB Vor dem Virus selbst hatte ich nie Angst, aber vor der ganzen Situation sehr viel Respekt. Ich habe alles darangesetzt, mich nicht zu infizieren, und das ist mir auch gelungen. Ich wusste, dass eine Covid-Erkrankung bei mir ein schlechtes Signal gewesen wäre, weil es notwendig war, dass ich für Stabilität und Stärke stand. Ich wurde erst krank, als wir 2022 alle Massnahmen aufgehoben hatten. Dann allerdings gleich mehrfach.

GH Kamen Sie direkt mit Covid-Fällen in Kontakt?

AB Ja, ich kannte Personen, die an Covid gestorben sind, jedoch niemanden aus meinem engsten Kreis. Ich hatte nicht nur Respekt vor der Herausforderung der Krisenbewältigung, sondern auch vor den Menschen, die Angst vor dem Virus hatten. Es war mir stets ein Anliegen, ihnen Respekt zu vermitteln, ohne die Situation zu dramatisieren. Ich war mir bewusst, dass Politiker in den umliegenden Ländern gezielt auf Dramatisierung setzten, um die Akzeptanz von Massnahmen zu fördern. Mir lag jedoch daran, den Menschen keinen unnötigen Schrecken einzujagen.

GH Sie haben die Übung einer Pandemie im Jahr 2014 erwähnt, in der die Kantone eine viel extremere Krise zu bewältigen hatten und dabei sehr eigenständig agierten. Machte es Ihnen nicht Angst, zu sehen, dass sich die Kantone im Ernstfall überfordert fühlten?

AB Nein, es war nicht Angst, eher ein seltsames Gefühl. Aber wir haben die Verantwortung einfach übernommen, denn es gab keine Alternative. Die Kantone zeigten sich in dieser Phase dankbar dafür. Mein Ziel war es auch stets, die Verantwortung so schnell wie möglich wieder zurück an die Kantone zu geben. In der zweiten Welle im Herbst 2020 lag die Verantwortung zuerst erneut bei den Kantonen, doch leider lief es nicht überall reibungslos.

GH Führte dieses Hin und Her der Verantwortung nicht zu Verzögerungen?

AB Ja, man könnte argumentieren, dass diese Rückgabe der Verantwortung zu einer Verzögerung bei der Umsetzung von Massnahmen in der zweiten Welle geführt hat. Diese Verzögerung gab dem Bund im Winter eine gestärkte Position, um erneut

Massnahmen umzusetzen. Ohne diese vorherige Rückgabe an die Kantone wäre die Politik des Bundes viel stärker angegriffen worden, mit allen Unsicherheiten und Instabilitäten während des ganzen Winters. Natürlich gibt es Menschen, die diese Verteilung der Verantwortung während der Pandemie als problematisch empfanden. Dennoch ist es auch in Krisenzeiten wichtig, langfristig zu denken und die sozialen Bedingungen zu schaffen, um die Kontrolle über eine Situation nachhaltig zu sichern. Die Rollenverteilung zwischen Bund und Kantonen sollte man rückblickend ohne Scheuklappen aufarbeiten.

GH War es einfacher, mit dem Druck umzugehen, weil Ihnen ein Team zur Verfügung stand? Gab es Momente, in denen Sie sich ganz allein im Griff haben mussten?

AB Als wir 2017 die Abstimmung über die Altersvorsorgereform verloren, an der wir über sechs Jahre gearbeitet hatten, fühlte ich mich sehr isoliert. Mein Team war so erschöpft und enttäuscht, dass es schwierig war, die nächsten Schritte vorzubereiten. Und ich musste am selben Tag vor der Presse stehen, ziemlich allein. Aber das ist in solchen Situationen ganz normal; ich wusste immer, dass ich in den schwierigsten Momenten allein sein würde. Es ist ähnlich wie im Radsport. Ein Team arbeitet den ganzen Tag daran, die beste Position zu erreichen und den Leader zu beschützen, aber am Ende muss der Leader allein strampeln. Und wenn er fünfzehn Meter vor der Ziellinie fällt, ist er allein.

Ein anderer Moment, an den ich mich gut erinnere, war mein Vorschlag, im Gegensatz zu unseren Nachbarstaaten die Massnahmen beim Auftreten der Omikron-Variante nicht zu verschärfen. Die Verwaltung war überrascht von dieser Haltung und meiner Standhaftigkeit darin. Die Leute konnten diese Entscheidung zwar nicht ganz nachvollziehen, aber es entstand trotzdem ein gewisser Respekt vor dem Entscheid. Dennoch fühlte ich mich sehr allein – auch wenn ich nicht allein war, sondern gemeinsam mit den anderen Bundesräten entschied.

GH Die wissenschaftliche Taskforce hatte keine Freude am Vorgehen des Bundesrates. Es hätten Tausende von Menschen sterben können.

AB Stimmt, die Taskforce war nicht begeistert, aber sie hat es akzeptiert. Viele ihrer Mitglieder denken, dass wir einfach Glück gehabt haben. Das kann ich sogar akzeptieren. Es bleibt aber: Wir hatten klare Indizien, dass Omikron nicht so schlimm war.

Selbstkontrolle und Kommunikation

GH Sie haben nun geschildert, wie Ihre innere Selbstkontrolle funktioniert und wie Ihnen Ihre Physiologie, Ihre Funktion und Ihr Team dabei geholfen haben, sich unter grossem Druck psychisch im Griff zu haben. Als Politiker ist die Kommunikation nach aussen eine Art erweitertes Selbst, das ausser Kontrolle geraten kann. Diese Kontrolle ist noch mehr als die innere Selbstkontrolle von äusseren Faktoren abhängig.

AB Die Frage der Kommunikation ist faszinierend. Zu Beginn der Pandemie dachte ich, dass wir überhaupt nicht viel kommunizieren sollten. Damit habe ich die Situation völlig unterschätzt, und ich war nicht allein – viele von uns haben das unterschätzt. Wir dachten: »Okay, es ist schwierig, wir müssen diesen Schock überleben, das Beste daraus machen, doch dann wird es besser.« Ja, diejenigen, die bereits viel Erfahrung mit

Pandemien hatten, haben uns gesagt, dass es mehrere Jahre dauern wird. Aber wir wollten es nicht wissen und nicht hören. Es war schlicht unmöglich, sich vorzustellen, dass sich die Situation über drei Jahre hinziehen könnte. Es gab keine Bereitschaft, dies einfach so zu akzeptieren.

Erst mit der Zeit wurde mir voll bewusst, dass die Kommunikation zentral und eine sehr grosse Aufgabe war. Plötzlich musste ich zwei- bis dreimal pro Woche wichtige Bundesratsentscheide nicht nur vorbereiten, sondern sie eben auch nach aussen tragen. Es war eine immense Arbeit, denn man sagt nicht einfach: »Okay, wir schliessen jetzt die Schulen.« Für jede einzelne Massnahme war eine riesige Vorarbeit erforderlich. Ich war stark in all die Vorbereitungen involviert und hatte daher alle Argumente für die Massnahmen wie auch die Hintergründe, warum wir sie durchsetzen mussten, und die Probleme, die sich ergeben konnten, im Kopf. Das hat mir geholfen, sie zu erklären. Nach jeder Ankündigung habe ich die jeweiligen Massnahmen öffentlich erläutert, was einen begrenzten zusätzlichen Aufwand bedeutete.

Es war nie so, dass die Kommunikation die Entscheide beeinflusst hätte, etwa in der Form von: »Das können wir nicht machen, weil wir es nicht kommunizieren können.« Der beste Beweis dafür, dass wir auf nichts verzichtet haben, weder an Massnahmen noch an offenen Überlegungen, ist die Tatsache, dass einige unserer Mitteilungen in der Bevölkerung sehr schlecht angekommen sind. Die Menschen waren so nervös und auch so genervt, dass uns ihre Reaktionen nicht überraschten.

GH Können Sie ein Beispiel nennen? Hat sich Ihre Kommunikation im Verlauf der Pandemie verändert?

AB Meine Lernkurve bestand darin, mich immer stärker mit der Kommunikation zu beschäftigen und mehr zu kommunizieren. Und ja, ich kann ein Beispiel nennen: Es war einer grossen Mehrheit der Verantwortlichen sehr früh klar, dass, wenn das Ziel hiess, die Antikörper-Präsenz in der Bevölkerung zu erhöhen, die Impfung und nicht eine gefährliche Durchseuchung der beste Weg war. Und wir sind dank der Impfung relativ schnell aus der Pandemie herausgekommen. Nun gibt es immer noch eine kleine Minderheit von Leuten, die nicht einsehen wollen, dass wir aus dieser schwierigen Situation herausgekommen sind, weil ein Grossteil der Bevölkerung bereit war, sich impfen zu lassen. Sie erfüllen meines Erachtens die Kriterien von sozialen Trittbrettfahrern. Sie, die in der Pandemie das Leben von Mitmenschen gefährdet haben und die keine Leistung erbracht haben, um sie zu beenden, werfen nun den anderen vor, die Pandemiepolitik sei von A bis Z ein Skandal gewesen. Das ist schwierig.

GH Reden wir von der Impfbereitschaft in der Bevölkerung.

AB In der Schweiz hatten wir den Vorteil, dass die Impfbereitschaft bei älteren Menschen sehr hoch war. Es gab zwar auch in der Schweiz Altersheime, in denen sich die Bewohnerinnen und Bewohner nicht impfen lassen wollten und viele starben. Ein Beispiel wurde in der Presse thematisiert. Elf Bewohner eines Heims liessen sich nicht impfen, und alle elf starben an Covid. Und es gab tatsächlich Menschen, die die Verstorbenen als Kämpfer für die Freiheit feierten, obwohl sie alle gestorben waren. Das fand ich schon speziell. Diese Reaktionen haben mich sehr belastet. Es warf grundsätzliche Fragen auf, wie wir als Gesellschaft mit einer Krise umgehen. Praktisch bedeutete dies, dass ich nicht nur meinen eigenen Stress bewältigen, sondern mich auch fragen musste, wie wir der Gesellschaft helfen konnten, mit ihrem Stress umzugehen.

GH Gab es Fehler in der Kommunikation, die Sie heute bereuen?

AB Ich gebe Ihnen ein Beispiel einer problematischen Kommunikation. In einer gewissen Phase der Pandemie war das Ziel, die Impfrate zu steigern. Wir machten uns in einem Brainstorming mit allen Verantwortlichen und Expertinnen Gedanken dazu und entwickelten Ideen. Zum Beispiel, Partys für junge Leute durchzuführen und dort eine Gratisimpfung anzubieten. Oder mit Impfbussen auf die Strasse zu gehen. Oder als Motivation für die Impfung Konzerte anzubieten. Oder Impfwillige mit fünfzig Franken zu entschädigen. Doch solche Anreize haben viele schockiert, was ich nachvollziehen konnte. Wir haben diese Ideen dann auch nicht realisiert. Mir scheint aber wichtig, dass man in einer solch ausserordentlichen Situation seinen Ideen keine Grenzen setzt. Das Problem war, dass das durch ein Leak öffentlich wurde, und das war eine kleine Katastrophe.

GH Der Ausdruck »Leak«, das englische Wort für eine undichte Stelle, bezeichnet Indiskretionen, also eine nicht autorisierte Veröffentlichung von Informationen. Während der Pandemie gab es in der Schweiz besonders viele Indiskretionen. Es gibt Kommunikationsexpertinnen, die behaupten, Leaks seien ein Werkzeug, das alle Politiker in ihrem Repertoire haben.

AB Das ist absurd. Viele wissen schon, wo das Problem lag. Die Idee mit den fünfzig Franken war im Bundesrat sehr schlecht angekommen und wurde deshalb auch sofort zurückgezogen, was auch zeigt, dass wir bei diesem Brainstorming gar nie an die Umsetzung der Idee und deren Kommunikation dachten. Es muss möglich sein, eine Idee zu entwickeln und dann aber zu entscheiden, sie nicht weiterzuverfolgen. Dafür braucht man auch geschützte Räume. Aber das Leak führte dazu, dass wir öffentlich zu dieser Idee und dazu, dass wir unterschiedlichste Ideen diskutierten, Stellung nehmen mussten. Die Medien stellten es aber so dar, als ob es einen konkreten Plan gegeben hätte, der kurz vor der Umsetzung stand. Unsere Gegner fanden das lustig und haben noch mehr Wirbel darum gemacht. Wenn wir mit Leaks gerechnet hätten, hätten wir diese Ideen gar nicht aufgeschrieben.

> **Positive Neubewertung als Resilienzfaktor** Positive Neubewertung (»positive reappraisal«) ist eine Technik, bei der man eine schwierige oder stressige Situation bewusst in einem positiven Licht betrachtet. Ein Beispiel dafür ist die Geschichte von Malala Yousafzai, der pakistanischen Aktivistin für das Recht auf Bildung für Mädchen. Im Jahr 2012 wurde Malala von einem Taliban-Kämpfer wegen ihres Engagements in den Kopf geschossen. Sie überlebte schwer verletzt. Anstatt sich von diesem traumatischen Ereignis entmutigen zu lassen, nutzte Malala die Technik der positiven Neubewertung. Sie entschied sich, das Attentat als Gelegenheit zu sehen, noch lauter und entschlossener für ihre Sache zu kämpfen. Malala betrachtete den Angriff nicht als persönlichen Rückschlag, sondern vor allem als Beweis für die Notwendigkeit ihrer Arbeit und die Wichtigkeit von Bildung für Mädchen weltweit. Diese Perspektive half ihr, aus der Tragödie eine Quelle der Motivation und Stärke zu machen.

GH Dieser Punkt scheint mir für die Resilienz bedeutsam zu sein. In der Resilienzforschung sprechen wir von positiver Neubewertung, das heisst der Fähigkeit, eine Stresssituation neu zu deuten, sodass sie besser ertragen und der Stress reduziert werden kann. Dazu braucht es Räume, wo man ungestört diskutieren kann. Menschen im Raum zu haben, die Informationen nach aussen tragen, erschweren diese Reflexion, weil sie eine starke Selbstzensur notwendig machen und so den freien Fluss der Gedanken hemmen.

AB Bei mir im Team war das nie ein Problem. Im sehr kleinen Kreis konnte ich Brainstormings mit unkonventionellen und wilden Ideen durchführen. Sobald ich aber den Kreis ein bisschen erweiterte, gab es Leaks, die ganz klar den Zweck hatten, die Situation zu destabilisieren.

GH Was wiederum Ihre Arbeit an der Pandemiebewältigung gefährdete.

AB Gewiss, unser Anliegen war stets, in Ruhe Entscheidungen treffen zu können, um sie anschliessend klar und eindeutig zu kommunizieren. Nur auf diese Weise kann es funktionieren: Die Politik muss Entscheidungen am Ende, also nach einem Entscheid, kommunizieren. Diese können dann kritisiert werden – der Entscheid ist jedoch gefallen.

GH Ist ein Leak nicht auch eine politische Massnahme, um mit einer Art Testballon herauszufinden, wie gut ein Entscheid in der Bevölkerung ankommen würde? Oder anders gefragt: Könnte ein Leak nicht dazu dienen, die Ungewissheit über die Umsetzbarkeit zu reduzieren?

AB Nein, weil wir vor den Bundesratsentscheidungen immer andere Meinungen einholen. Wir haben eine lange Tradition von Vernehmlassungen, auch wenn wir das Verfahren aufgrund der Notsituation vereinfachen mussten. Falls ein Land die Vernehmlassung nicht kennt, vielleicht ist dann das Leak eine Methode, die Meinungen anderer einzuholen? Es scheint mir aber nach wie vor absurd. In der offiziellen Vernehmlassung gibt es die Gelegenheit, seinen Unmut zu äussern, Verbesserungsvorschläge anzubringen. Vernehmlassungen sind öffentlich, und jeder Bürger und jede Bürgerin kann per Brief oder E-Mail einen Änderungsantrag stellen. Man kann sagen, dass man eine Massnahme für einen Skandal hält. Es darf wild und provokativ diskutiert werden, weil es ja eben eine Vernehmlassung ist. Wer in der Schweiz behauptet, es brauche Leaks als Versuchsballons, versteht unser politisches System nicht.

GH Trotzdem gab es in der Schweiz besonders viele Leaks zu Coronageschäften, was das Gefühl der Unsicherheit und der Ungewissheit eher steigerte. Was waren die Motivationen dahinter?

AB Ich weiss es nicht, ich habe aber festgestellt, dass es immer dazu führte, Minderheitsmeinungen übermässig prominent darzustellen. Nach dem Entscheid konnten die Gegner immer darauf hinweisen, wie gross die Unstimmigkeit in Bezug auf eine Massnahme war, auch wenn dies real nicht stimmte. Und ja, die Leaks haben unsere Politik tatsächlich geschwächt. Sie waren gegen unsere Interessen, einen Entscheid ruhig vorzubereiten, kollegial zu entscheiden und danach zu kommunizieren. Trotzdem hat man immer versucht, mein Departement für Leaks verantwortlich zu machen. Das sorgte für Verwirrung. Es ging bei diesen Unterstellungen wohl oft darum, einen Sündenbock für die empfundene Frustration in dieser Situation zu finden. Die Sündenbock-Geschichte dient dazu, das »gute« Gewissen vieler Leute zu schützen und ihr asoziales Verhalten zu rechtfertigen. Vermutlich gehören Sündenbock-Geschichten zu jeder grossen Krise.

Zusammenfassung

Alain Berset haben in Krisensituationen fünf Punkte geholfen, seine Selbstkontrolle zu bewahren.

1. *Die Ruhe im Sturm:* Alain Berset betont die Bedeutung der mentalen Vorbereitung auf Krisensituationen und die frühzeitige Selbsteinschätzung zur Eignung als Krisenmanager. Eine klare Aufgabenverteilung und klare Ziele tragen wesentlich zur Selbstkontrolle während einer Krise bei.
2. *Umgang mit emotionalen Ausbrüchen:* Es ist von entscheidender Bedeutung, die Gründe für das Verlieren der Nerven zu identifizieren, um anschliessend die Selbstkontrolle zu verbessern. Dies kann durch die Reduzierung spezifischer Stressfaktoren wie beispielsweise Zeitdruck erfolgen, indem man sich also bewusst mehr Zeit für etwas nimmt. Falls eine ungerechte Behandlung einer Person stattfand, ist eine aufrichtige Entschuldigung angebracht.
3. *Das Zwiebel-Modell:* Alain Berset verwendet die Metapher einer Zwiebel, um seine Methode der Selbstkontrolle zu beschreiben. In äusseren Schichten ist eine hohe Selbstkontrolle erforderlich, etwa im Berufsleben oder in der Öffentlichkeit. In inneren Schichten hingegen wäre eine übermässige Selbstkontrolle nachteilig, da im familiären und persönlichen Umfeld gezeigte Emotionen als wichtige – auch nonverbale – Kommunikationsmittel dienen.
4. *Angstmanagement:* Selbstkontrolle sollte dazu führen, Angst in Respekt umzuwandeln. Aufgrund der Ansteckungsgefahr, die der Angst eigen ist, ist es wichtig, Situationen nicht übermässig zu dramatisieren und andere nicht zu erschrecken.

Eine mentale Vorbereitung darauf, in den schwierigsten Momenten eventuell allein zu sein, ist von entscheidender Bedeutung.

5. *Selbstkontrolle und Kommunikation:* Die Einrichtung von Reflexionsräumen für enge Vertraute ist wichtig, und was in diesen passiert, sollte streng vertraulich bleiben, um unkonventionelle und kreative Ideen zu ermöglichen. Die Selbstkontrolle besteht hier in strikter Geheimhaltung.

4 Neuroplastizität

Das Erlernen einer Fremdsprache, einer neuen Sportart oder eines Musikinstruments zeigt, wie hoch die Lernfähigkeit unseres Gehirns während des ganzen Lebens ist. Selbst wenn ein Mensch blind wird, hat er oder sie das Potenzial, den Tastsinn, den Geruchssinn und das Hörvermögen deutlich zu verbessern, um den Sehverlust teilweise zu kompensieren. Allgemein gesagt, ist Neuroplastizität die einzigartige Fähigkeit des Gehirns, sich neuen Situationen anzupassen, indem sich die Grösse, die Struktur und die Funktion neuronaler Netzwerke verändern.

Neuroplastizität ist auch entscheidend bei der Anpassung an anhaltenden Stress. Begriffe aus der Stressforschung wie mentale Flexibilität, Selbstwirksamkeit und posttraumatische Reifung beziehen sich auf neuroplastische Vorgänge, welche die Resilienz langfristig stärken.

Mentale Ressourcen

Mehrsprachigkeit als mentale Ressource Unter mentalen Ressourcen versteht man innere Fähigkeiten und Strategien, die eine Person entwickelt, um mit Stress und Herausforderungen umzugehen. Dazu gehören mentale Offenheit, kognitive Flexibilität, emotionale Intelligenz und Problemlösungsfähigkeiten. Die Resilienzforschung zeigt, dass Mehrsprachigkeit die Resilienz stärken kann. Das regelmässige Wechseln zwischen verschiedenen Sprachen erfordert eine ständige Anpassung und Aktivierung der Rinde im Vorderhirn, was die Resilienzfaktoren »kognitive Flexibilität« und »mentale Offenheit« unterstützt. Darüber hinaus können mehrsprachige Personen oft besser mit sprachlicher Mehrdeutigkeit und Kommunikation umgehen und haben ein erhöhtes Bewusstsein für unterschiedliche kulturelle Vorstellungen und Normen. Die Schweiz schneidet bei der kulturellen Sensibilität gut ab, weil wir es in einem kleinen Land mit vier landessprachlichen Kulturen und vielen kulturellen Minderheiten zu tun haben. Dies wiederum stärkt den Resilienzfaktor »Netzwerkorientierung« und trägt zur Diversität des sozialen Netzwerkes bei.

Gregor Hasler Herr Berset, waren Fremdsprachen schon immer Ihre Stärke?

Alain Berset Ich habe in der Schule Latein und Altgriechisch gelernt. Demgegenüber hatte ich eine gewisse Hemmung und Abneigung gegenüber den neuen Sprachen, sie waren immer eine Herausforderung für mich. Deutsch war eine Katastrophe, ich hatte in diesem Fach nie eine genügende Note. Auch Englisch bereitete mir grosse Mühe. Wie schon erzählt, bin ich mit neunzehn Jahren nach Südamerika gereist. Ich konnte damals kein Wort Spanisch oder Portugiesisch sprechen. In den ersten zwei Monaten begleitete mich, das habe ich wohl noch nicht erzählt, meine damalige Freundin. Mit ihr habe ich in einer kleinen Schule in Antigua in Guatemala Spanisch gelernt und hatte schon bald genügend Spanischkenntnisse, um mit den Menschen zu kommunizieren.

GH Und in Brasilien, wie haben Sie Portugiesisch gelernt?

AB Ich flog von Panama City nach Manaus, weil es der billigste Flug war, bin dort um Mitternacht gelandet, hatte kein Geld, um ein Taxi zu bezahlen, und blieb die ganze Nacht im Flughafen. Ich schlief nicht, sondern schlenderte umher, bis ich um fünf Uhr den ersten Bus ins Zentrum nehmen konnte. Im zu dieser Zeit menschenleeren Flughafen fand ich eine Touristeninformation mit einem Kiosk, wo eine junge Frau Nachtschicht hatte, und ich begann, mit ihr zu sprechen. Sie hat mir die Konjugation einfacher portugiesischer Verben erklärt. Als ich nachher im Zentrum ankam, habe ich erst mein Gepäck deponiert und kaufte dann ein französisch-portugiesisches Wörterbuch und eine lokale Zeitung. Ich brauchte zwei Stunden, um den ersten kleinen Artikel zu verstehen, weil ich fast jedes Wort nachschlagen musste.

Etwas unkonventionell, aber so habe ich dann irgendwie Portugiesisch gelernt.

GH Später haben Sie in Hamburg Deutsch gelernt und auch Ihre Hemmungen gegenüber dem Englischen abgelegt. Half Ihnen Ihre Vielsprachigkeit, Stress besser auszuhalten?

AB Mir haben Fremdsprachen immer geholfen, Situationen zu objektivieren. Mein Denken ist je nach Sprache leicht anders. Für die Lösung eines Problems ist es von Vorteil, über die Herausforderungen, die sich stellen, in verschiedenen Sprachen nachzudenken. So erhält man unterschiedliche Perspektiven mit etwas anderen Prioritäten. Ich habe das auch im Parlament gemerkt. Je nachdem, ob ich auf Deutsch oder auf Französisch sprach, veränderten sich Inhalte und Tonalität leicht. Meine spontanen Reden auf Deutsch waren strukturierter. Diese Strukturierung hatten wiederum einen Einfluss auf meine Reden auf Französisch. Das Deutsche erlaubt es mir auch, einen kreativen Umgang mit Wörtern zu haben, inspiriert vom Französischen. Mein Team hat sich oft lustig darüber gemacht, dass ich neue deutsche Wörter erfinde.

GH Ein Beispiel, das mir in den Sinn kommt, ist Ihr Ausdruck, Mitarbeiter zu »schütteln«. Im Deutschen schüttelt man eher eine Hand als grad eine ganze Person. Aber jeder versteht, worum es geht.

AB Inzwischen liebe ich die deutsche Sprache. Meine Deutschlehrer von der Schule hätten vermutlich Mühe, diese späte Liebe zu verstehen. Aber die Texte, mit denen wir arbeiten mussten, waren sehr schwierig, etwa »Nathan der Weise« von Lessing. Ich hatte den Eindruck, das Werk sei nicht richtig deutsch, eher altdeutsch, es beinhaltete komplizierte Wörter, und ich verstand überhaupt nichts. Es fiel mir später leichter, die moderne, gesprochene Sprache zu lernen und zu verstehen. Weil ich sprachlich kein Naturtalent bin, musste ich für das Lernen und Sprechen von Fremdsprachen immer die Komfortzone verlassen. Erst als Bundesrat habe ich meine Deutschkenntnisse vertieft, weil ich im Deutschschweizer Fernsehen in Debatten bestehen musste. Die sprachliche Auseinandersetzung in einer fremden Sprache war eine gute Vorbereitung für die Pandemie.

GH Jetzt, im März 2024, reisen Sie wieder viel und arbeiten in einer anderen Sprache, mit der Sie ursprünglich Mühe hatten, nämlich Englisch.

AB Ja, für meine Kandidatur als Generalsekretär des Europarates reise ich in ganz Europa umher und befasse mich mit neuen Problemen in einer neuen Sprache. Das hält mich in Bewegung.

GH Sagen Sie bitte noch, welche Sprachen Sie neben Ihrer Muttersprache Französisch fliessend sprechen.

AB Deutsch, und mein Englisch wird zunehmend flüssiger.

Selbstwirksamkeit

Selbstwirksamkeit als Resilienzfaktor Selbstwirksamkeit ist das Vertrauen in die eigenen Fähigkeiten, spezifische Aufgaben oder Herausforderungen erfolgreich zu bewältigen und dadurch gewünschte Ergebnisse zu erzielen. Wenn uns das gut gelingt, erhöhen sich die Fähigkeiten, auch in schwierigen Situationen und bei grossen Herausforderungen Einfluss nehmen zu können. Die Einstellung »Das schaffe ich!« ist ein Ausdruck einer hohen Selbstwirksamkeitserwartung. Sie ermöglicht es uns, Herausforderungen anzunehmen und kreativ mit ihnen umzugehen. Im Gegensatz dazu führen Vorstellungen wie »Ich kann nichts bewirken, meine Situation ist ausweglos« oder »Das schaffe ich nie!« zu einer niedrigen Selbstwirksamkeitserwartung, was wiederum Angst hervorrufen und Burn-out begünstigen kann.

GH Positive Erfahrungen der Selbstwirksamkeit stärken die Selbstwirksamkeitserwartungen und den Selbstwert am meisten. Haben Sie in der Pandemie solche machen können?

AB Es gibt einen engen Zusammenhang zwischen den Erwartungen, die man hat, und der Wirksamkeit, die man erlebt. Am Anfang der Pandemie war die Wirksamkeit eine Herausforderung. Wir haben verschiedene Szenarien für die kurzfristige Entwicklung der Pandemie entworfen, und dreimal in Serie ist das schlimmste Szenarium eingetreten. Was konnte dies bedeuten? Waren wir allzu optimistisch? Hatten unsere Massnahmen schwerwiegende Fehler und wirkten nicht? Es waren deprimierende Wochen. Ich erhielt den Eindruck, dass unsere Bemühungen nichts brachten.

GH Wie sind Sie damit umgegangen?

AB Ich habe Energie aus dem Gedanken geschöpft, dass es sich bei der Pandemie um eine neue und um die schlimmste Situation seit Jahrzehnten handelte. Wir schraubten also die Erwartungen laufend nach unten, auch in der Kommunikation, und stellten uns auf noch schlimmere Szenarien ein. Zum Glück kam die Pandemie in Wellen, und im Sommer entschärfte sich jeweils die Situation.

GH Hat die Tatsache, dass Sie Ihre Erwartungen nach unten schrauben mussten, Ihre Handlungsweise verändert?

AB Die Situation gebot Respekt, und wir standen eindeutig in der Verantwortung, handeln zu müssen, unabhängig davon, ob sich die Lage positiv oder negativ entwickelte. Gegenüber meiner Lernfähigkeit blieb ich optimistisch. Ich versuchte, besser zu werden und die Situation genauer zu verstehen, um – immer in Zusammenarbeit mit meinem Stab – bessere Massnahmen kreieren zu können und dem Gesamtbundesrat vorzuschlagen.

GH Niemand wusste, wie lange die Pandemie dauern würde. Wie sind Sie mit dieser Unsicherheit umgegangen?

AB Wir haben nicht damit gerechnet, dass uns die Situation drei Jahre lang beschäftigen würde. Hinsichtlich des Umgangs mit der Ungewissheit, wann die Pandemie endet, war es wichtig, die Erwartungen laufend nach unten anzupassen.

GH Sie sagten, dass Erwartungen und Wirksamkeit eng zusammenhängen. Es gab Rufe nach einem deutlich härteren Staat.

AB Unsere Entscheide und Massnahmen sind regelmässig infrage gestellt worden, immer mit ein paar Wochen Verspätung.

Es war zu Beginn sogar möglich, hochoffiziell auf China als Vorbild für die Pandemiebekämpfung hinzuweisen und die politischen Vorteile einer Diktatur zu unterstreichen. Man sagte mir auch: »Schauen Sie doch, wie Taiwan das macht!« Taiwan! Taiwan, bitte schön, ist eine Insel. Die Schweiz wurde tatsächlich ernsthaft mit Neuseeland verglichen – ebenfalls eine Insel. Es wurde auch gesagt: »Die Schweiz ist ja nicht einmal fähig, die Grenzen zu schliessen!« In der Schweiz überschreitet fast ein Viertel der Bevölkerung jeden Tag eine internationale Grenze. Das bedeutet: Zwei Millionen Mal wird täglich eine Grenze überschritten, und das in einem Land mit weniger als neun Millionen Einwohnern.

GH Dies bestätigt, dass die Wirksamkeitserfahrung nicht nur die Erwartungen steuert, sondern die Erwartungen auch die Wahrnehmung von Wirksamkeit. Es gab aber auch den Vergleich mit Schweden und die Idee, auf die Selbstwirksamkeit der Natur zu vertrauen.

AB Ja, es wurde gesagt: »Schauen Sie doch mal die Durchseuchungsstrategie in Schweden an.« Doch wenn man genau hinschaut, sieht man, dass das Land von März 2020 bis Juni 2020 zwar liberaler agierte als die Schweiz, die Massnahmen der Schweiz danach aber durchgehend liberaler waren als die von Schweden.

GH Wie hat sich die Pandemie auf Ihre persönlichen Selbstwirksamkeitserfahrungen ausgewirkt? Hat sich Ihr Selbstvertrauen verändert?

AB Ich war gezwungen, grosse Fortschritte zu machen. Persönlich fühle ich mich heute viel stärker als vor der Pandemie. Für gewisse Aspekte bin ich aber auch viel sensibler geworden und weniger naiv. Ich hätte auch nie gedacht, dass ich so lange ohne Pausen und Ferien arbeiten kann. Ich hätte auch nie gedacht, dass ich einem solchen Druck standhalten kann. Ich habe mich darauf eingestellt, als Bundesrat ab und zu – im übertragenen Sinne – den Mont Blanc zu besteigen. Dann ging es plötzlich darum, einen Achttausender zu erklimmen. Oder ein anderes Bild: Sie üben jeden Tag für einen Fünf-Kilometer-Lauf, und plötzlich heisst es: Es gibt eine Planänderung, Sie nehmen morgen am Bieler Hundert-Kilometer-Lauf teil. Die Situation zwang mich dazu, mich über Monate hinweg ausserhalb meiner Komfortzone zu bewegen.

Wirkung sorgfältig analysieren

Leistung realistisch interpretieren Für die Neuroplastizität im Allgemeinen und für die Selbstwirksamkeitserwartungen im Besonderen ist es entscheidend, ein realistisches Bild seiner Wirkung und Leistung zu erhalten. Ein Beispiel für die Verbindung von Selbstwirksamkeit und Resilienz ist die Geschichte des Amerikaners Thomas Edison. Edison, einer der berühmtesten Erfinder der Geschichte, musste viele Rück- und Fehlschläge ertragen, bevor er den Durchbruch mit der Erfindung der Glühbirne erzielte. Edison glaubte fest an seine Fähigkeiten, Probleme zu lösen und neue Lösungen zu finden. Diese Überzeugung in seine eigene Wirksamkeit – seine Selbstwirksamkeit – half ihm, trotz tausenden fehlgeschlagenen Experimenten nicht aufzugeben. Statt die Fehlschläge als Misserfolge zu betrachten, sah er sie als Schritte auf dem Weg zum Erfolg. Ein berühmtes Zitat von ihm lautet: »Ich habe nicht versagt. Ich habe nur zehntausend Wege gefunden, die nicht funktionieren.«

GH Politiker werden mit Feedbacks und Beurteilungen ihrer Leistungen überschwemmt. Die Qualität der Feedbacks ist aber eher nicht sehr hoch, weil es aus politischen Gründen bewusste Verzerrungen gibt, im positiven wie im negativen Sinn. Wie sind Sie damit umgegangen?

AB Ich habe die Tendenz gehabt, nicht alles über mich zu lesen. Wenn ich wusste, dass eine Bösartigkeit kommen wird, habe ich meinem Team den Auftrag gegeben, den Bericht zu lesen und ihn einzuordnen, so musste ich mich nicht direkt damit konfrontieren. Ich habe Informationen aber nicht bewusst ausgeblendet, sondern – indem ich eher auf Qualität als auf Quantität setzte – die Effizienz meiner Informationsaneignung erhöht. Ich habe dann einen kritischen Artikel über mich gelesen, aber nicht zwanzig. Das habe ich beibehalten, und zwar nicht nur in Bezug auf Texte, die mich betreffen. Ich lese heute deutlich weniger Nachrichten als vor der Pandemie. Es ist eine Strategie, um die Welle zu sehen und nicht den Schaum, den sie verursacht. Der Schaum sollte unter den Radar fallen, die Wellen, zumindest die bedeutenden, darf man nicht verpassen.

GH Barack Obama hat empfohlen, weniger Zeitungen zu lesen und mehr Bücher, um die Informationsqualität zu steigern. Stimmen Sie dem zu?

AB Ich verstehe diese Empfehlung, aber ich hatte in den letzten Jahren keine Zeit, sie zu befolgen. Ein Kollege sagte seinem Team: »Bringt mir die Nachrichten, die mehr als eine Woche in der Zeitung bleiben. Die sind eventuell bedeutsam.« Es ist aber sehr wichtig zu betonen: Hochqualitative diversifizierte Medien sind für eine funktionierende Demokratie absolut zentral.

GH Neben den Zeitungsnachrichten gab es ja auch offizielle Analysen und Zahlen, um die Massnahmen im Nachgang zu beurteilen. Fanden Sie diese hilfreich? Halfen sie der Politik, sich auf die nächste Krise besser vorzubereiten?

AB Man hat in der Politik leicht die Tendenz, im Rückblick die positiven Seiten zu betonen, im Sinne von: »Schliesslich ist doch alles gut gelaufen!« Gerade die Kantone, die ja in gewisser Hinsicht überfordert waren, analysierten ihre eigene Leistung im Rückblick als sehr positiv. Es gibt immer viele politische Gründe, die wirklichen, schonungslosen Analysen, die bis in die unangenehmen Tiefen gehen, zu vermeiden. Das ist aber nicht gut. Auf Bundesebene haben wir versucht, möglichst genau hinzuschauen, mit dem Ziel, das Pandemiegesetz zu verbessern.

GH Was war für Sie die wichtigste Lektion?

AB Die grosse Differenz zwischen einer Katastrophenübung und einer realen Katastrophe. In einer Übung spielt jeder seine gewünschte Rolle und nicht die, die ihm in der Realität dann zufällt. Die andere Lektion ist die, dass es aus politischer Hinsicht einfacher wäre, eine Pandemie zu bewältigen, deren brutale Erreger Kinder und Jugendliche direkt und sehr schwer betrifft, als eine Pandemie, die mit Sicherheit nicht das Ende der Gesellschaft bedeutet, sondern primär eine Gefahr für ältere und vulnerable Menschen darstellt. In Zukunft müssen wir verschiedene Rollen üben und auch die hybriden, komplizierten Situationen berücksichtigen, dass eine Katastrophe nicht für alle Bevölkerungsteile gleich bedrohlich ist. Ich habe auch gesehen, dass es wichtig, aber schwierig ist, der Realität am Schluss in die Augen zu blicken.

Neuronale Erholung

Neuronale Erholung als Resilienzfaktor Unter Stress nimmt die Anzahl von Nervenverbindungen genau wie die Komplexität von neuronalen Netzwerken ab. Ferner können stressbedingte entzündliche Prozesse die Effizienz des Gehirns einschränken. Dies sieht man etwa daran, dass Hirnwachstumsfaktoren, eine Art »Hirndünger«, unter Stress abnehmen. Das ist vermutlich ein Schutzmechanismus des Gehirns. Unter akuter Gefahr geht es nicht darum, neue Dinge zu lernen, sondern darum, die Ressourcen für die Durchführung bewährter Verhaltensmuster einzusetzen. Es ist deshalb wichtig, dem Hirn Zeit zu geben, sich nach einer belastenden Situation zu erholen, weil dieser lernfeindliche Schutzmodus langfristig die Flexibilität senkt. Kreative Tätigkeiten haben ein besonders grosses Potenzial, die Neuroplastizität zu steigern.

GH Sie waren nicht nur Gesundheitsminister, sondern auch Kulturminister, beschäftigten sich also auch beruflich mit Kreativität, Ausgleich und Erholung. Ausserdem spielen Sie Klavier. Haben Ihnen kreative Tätigkeiten dabei geholfen, den Stress zu überstehen?

AB Klavierspielen – meistens in der Nacht und allein für mich – war eine gute Ablenkung. Es geht mir dabei aber nicht darum, jede Note korrekt zu spielen, sondern um die Möglichkeit, mich anders auszudrücken, ohne Wörter, mit einem anderen Vehikel der Kommunikation.

GH Sie hatten sehr wenig Zeit für Erholung. War das Klavierspielen eine effiziente Art, sich auszuruhen?

AB   Das Erholungsproblem war nicht nur der fehlenden Zeit geschuldet. Ich fühlte mich oft einfach unfähig, mich von dem grossen Druck zu befreien. Das äusserte sich in einer tiefen Müdigkeit. Es war eine sehr umfassende, nervliche Erschöpfung, die leider weder durch einen Spaziergang im Wald noch durch Klavierspielen gelindert werden konnte.

GH   Was hätte es zur Erholung gebraucht?

AB   Ein Sabbatical von mehreren Monaten. Leider gibt es für Bundesräte keine Sabbaticals und schon gar keine Time-outs. Es ist wie in einem Tunnel. Es gibt keine Möglichkeit, ihn zu verlassen, man muss die ganze Reise machen. Man ist wie ein Hamster in seinem Rad, der immer weiterstrampelt. Vor der Pandemie war das Strampeln im Rad erträglich, es war streng, aber ich konnte es aushalten. Ich wusste ja: Als Bundesrat ist die Intensität im Vergleich zu einem normalen Job etwa zweimal so gross. Die Pandemie verdoppelte die Intensität dann noch einmal. Das Problem ist: Wenn die Intensität derart gross ist, geht das schnell an die Reserven. Ich rechnete schon früh damit, dass meine Reserven arg strapaziert werden und sich eine zunehmende Ermüdung und die Unfähigkeit, mich richtig zu erholen, einstellen würden.

GH   Griffen Konzepte wie die Work-Life-Balance oder die Work-Recovery-Balance nicht mehr?

AB   Ich denke, unter dem Druck gab es keine stabile Balance, die ich hätte finden können. Das hat auch mit unseren Institutionen und der Organisation des Bundes zu tun, die für eine Pandemie nicht optimal sind. In der Schweiz sind die Aufgaben auf alle Bundesräte verteilt, die alle einen relativ kleinen Stab haben. Dies ist in keiner Weise vergleichbar mit etwa einem französischen Präsidenten. Ein Ungleichgewicht entsteht, wenn nun in einer Pandemie ein bestimmter Bundesrat sehr viele Aufgaben übernehmen muss. Dazu hat er die Ressourcen eigentlich nicht. Konkret hing auf einmal sehr viel an mir und meinem kleinen Team. Ich gebe den Kritikern der Pandemiepolitik des Bundes ein Stück weit recht, dass die Krise in den Institutionen ein Ungleichgewicht entstehen liess. Die dramatische Beschleunigung der Politik war brutal. Das Bundesamt für Gesundheit war plötzlich mit enorm hohen Erwartungen konfrontiert, andere Bundesämter verloren vorübergehend an Bedeutung. Es war eine Notlage, auf die wir nicht optimal vorbereitet waren.

GH Das ist die politische Seite. Was war psychologisch Ihr Ziel in dieser Situation?

AB Es ging darum, dafür zu sorgen, dass sich die Batterien nicht allzu schnell leeren. Mein Alter war von der Belastbarkeit her sicher ein Vorteil, und meine Erfahrungen im Leistungssport halfen mir, diese Realität anzuerkennen.

GH Verstehe ich das richtig, Sie verglichen Ihre Aufgabe mit einer sportlichen Leistung und konzentrierten sich nicht auf die Erholung, sondern auf die Effizienz?

AB Ja, zumindest bis zum Ende der Pandemie. Danach war mir klar, dass es nicht so schnell eine Rückkehr zur Normalität geben würde – denn 2023 war für mich ja auch kein normales Jahr, sondern ein Präsidialjahr. Ich erkannte, dass ich meine zeitliche Organisation ändern musste, bin etwas später aufgestanden und habe an gewissen Sitzungen per Videokonferenz teilgenommen, etwa auf dem Weg von meinem Wohnort in Belfaux nach Bern. Dank meinem Chauffeur konnte ich so auch im Auto an Sitzungen teilnehmen und sparte damit Zeit.

Persönliches Wachstum

GH Morddrohungen, Bezichtigungen, ein Diktator zu sein, und Absetzungsversuche, die Sie während der Pandemie erlebten, könnte man als traumatische Erfahrung beschreiben, weil sie Ihre körperliche, berufliche und soziale Integrität bedrohten. Inwiefern hat die Pandemie Sie verändert?

AB Sie hat mich eindeutig verändert. Ich spüre dies an meinen veränderten Prioritäten. Viele Dinge, die mir vor der Pandemie als sehr wichtig erschienen, empfinde ich heute als zweitrangig. Ich lebe nun viel mehr in der Gegenwart und weniger in der Zukunft. Das ist angenehmer. Meine Wurzeln in der Gegenwart helfen mir, die Zukunft gelassener zu betrachten. Auch Dinge, die mich vor der Krise nervten, sind mir inzwischen eher egal, etwa kritische Berichterstattungen in den Medien über meine Arbeit. Es gibt aber auch Bereiche, wo ich verletzlicher wurde. Wie sagt man doch so schön? Ein gebranntes Kind scheut das Feuer. Das trifft auch auf mich zu, etwa hinsichtlich der Attacken gegen mich als Person.

GH Sie kandidieren aktuell für das Amt des Generalsekretärs des Europarates. Haben Sie diese Kandidatur schon lange im Voraus geplant?

AB Nein, das ist ziemlich spontan entstanden, in Gesprächen, die noch nicht so lange her sind. Es war eine Überraschung, dass die aktuelle Generalsekretärin ihr Amt abgibt. Alle dachten, dass sie noch eine Amtszeit anhängen würde. Ihre Fraktion im Europaparlament hatte deshalb noch keine Nachfolge aufgebaut. Dies ermöglichte eine Schweizer Kandidatur.

Posttraumatische Reifung Kurzfristig senkt extremer Stress die Neuroplastizität und schützt das Gehirn so vor Instabilität, auf der anderen Seite können Herausforderungen die Plastizität des Gehirns langfristig steigern. In der Psychiatrie beziehen sich die Begriffe posttraumatisches Wachstum und posttraumatische Reifung auf positive psychologische Veränderungen und Anpassungen, über die manche Betroffene nach einer Lebenskrise oder einem traumatischen Ereignis berichten. Ein Beispiel für posttraumatische Reifung ist die Geschichte von Thomas Platter (1499–1582), einem ehemaligen Verdingkind. Auch in der Schweiz wurden aus armen Verhältnissen stammende Kinder oft in fremde Familien geschickt, um dort zu arbeiten und zu leben, was häufig mit schwerer körperlicher Arbeit, Missbrauch und Vernachlässigung verbunden war. Thomas Platter war eines dieser Kinder. Nach dem frühen Tod seines Vaters verbrachte er seine Kindheit als Ziegenhirte in primitiven Unterkünften, litt Hunger und Durst. Von einem Pfarrer wurde er unverhältnismässig streng gezüchtigt. Trotzdem gelang es Platter, seine traumatischen Erfahrungen in positive Veränderungen und persönliches Wachstum umzuwandeln. Platter begann eine Lehre und arbeitete sich durch verschiedene Berufe, bis er schliesslich als autodidaktischer Gelehrter und Lehrer Anerkennung fand. Er verfasste seine Autobiografie, die nicht nur seine eigenen Erlebnisse dokumentierte, sondern auch ein wichtiges historisches Zeugnis über die Verdingkinder in der Schweiz darstellt. Durch das Schreiben und Teilen seiner Geschichte konnte Platter seine Traumata aufarbeiten und anderen Menschen Mut machen, die ähnliche Schicksale durchlebt hatten. Sein Sohn Felix Platter wurde ein bekannter Stadtarzt von Basel.*

---

* Näheres zu Thomas Platters Geschichte: Jürg Kesselring und Gregor Hasler, »Resilienz in der Renaissance: Thomas Platter, vom Verdingkind zum Professor«, Swiss Archives of Neurology, Psychiatry and Psychotherapy, 30.5.2020. sanp.swisshealthweb.ch/en/article/doi/sanp.2020.03109

GH Was sind die Herausforderungen, die sich Ihnen durch diese Kandidatur stellen?

AB Die englische Sprache ist sicher eine. Ausserdem unterscheiden sich die europäischen Probleme deutlich von den schweizerischen. Ferner hätte ich auch eine andere Rolle, nämlich die Führung einer wichtigen internationalen Organisation und nicht mehr eine Exekutivrolle in einer Regierung. Was ich als positiv sehe, denn politische Macht und die damit verbundene Verantwortung für ein ganzes Land sind ermüdend. Jede Entscheidung in der Pandemie veränderte direkt das Leben von neun Millionen Menschen. In diesem Sinne hoffe ich, dass die neue Aufgabe beim Europarat weniger belastend wäre.

GH Wäre es für Ihre Gesundheit nicht besser gewesen, eine längere Pause einzuschalten? Sich beispielsweise das Sabbatical zu gönnen, das Sie erwähnt haben?

AB Es wäre sicher besser gewesen, mich ein Jahr zu erholen und dann zu kandidieren. Aber die Stelle ist *jetzt* frei und mein berufliches Netzwerk ist *jetzt* optimal. Die Tätigkeit in der Politik erfordert mentale Flexibilität. Aber ja, klar, das Timing ist nicht optimal.

Zusammenfassung

Alain Berset beschreibt den Aufbau und die Pflege mentaler Ressourcen, um eine optimale Neuroplastizität auch unter anhaltendem Stress aufrechtzuerhalten, mit vier Eckwerten.

1. *Mentale Ressourcen:* Alain Berset hat seit seiner Kindheit mentale Ressourcen aufgebaut, auf die er in der Pandemie zurückgreifen konnte. Dazu zählen Vielsprachigkeit, Auslandsaufenthalte, Sport, Klavierunterricht und eine langjährige Berufserfahrung.
2. *Selbstwirksamkeit:* Alain Berset betont, dass die richtigen Erwartungen, aber auch deren Anpassungen an die Dynamik einer Situation entscheidend sind, um Selbstwirksamkeit zu erleben, also zu merken, dass er selbst die Situation beeinflussen kann. Ausserdem ist die sorgfältige Analyse der persönlichen Leistung zentral, um sie verbessern zu können.
3. *Neuronale Erholung:* Körper und Hirn sind nicht beliebig leistungsfähig und brauchen Erholung. Alain Berset schätzte seine Erholungsmöglichkeiten realistisch ein und dosierte seine Energie wie bei einer sportlichen Leistung.
4. *Persönliches Wachstum:* Alain Berset bestätigt, dass die Belastung während der Pandemie so stark war, dass sie ihn persönlich verändert hat, was sich beispielsweise in veränderten Prioritäten widerspiegelt. Er empfiehlt, diese Veränderungen ernst zu nehmen und darin Entwicklungsmöglichkeiten zu erkennen.

5 Der ethische Kompass

Die Forschung zeigt immer wieder, dass äusserst widerstandsfähige Menschen ein ausgeprägtes Bewusstsein für Recht und Unrecht haben. Dieses Bewusstsein hilft, auch in einer Krise dem Leben Orientierung zu geben. Ferner stärkt es die Selbstachtung und die Entscheidungsfreude und minimiert Scham- und Schuldgefühle. Ein gefestigtes ethisches Bewusstsein kann auch als Inspiration und Vorbild für andere dienen. Verwandt mit dem ethischen Kompass ist das Kohärenzgefühl, das entsteht, wenn man belastende Situationen als verstehbar, sinnhaft und beeinflussbar wahrnimmt und – unter anderem – davon überzeugt ist, dass das Leben einen Sinn hat. Menschen, die ein Kohärenzgefühl entwickelt haben, sind besonders gut gegen die Folgen von Stress geschützt. Ein weiterer »ethischer« Resilienzfaktor ist Altruismus – Selbstlosigkeit, die Sorge um das Wohlergehen anderer und das Geben an andere ohne die Erwartung eines persönlichen Nutzens.

Derzeit beobachten wir jedoch einen Rückgang dieser Resilienzfaktoren. Macht, Geld, Erfolg und Prestige werden zunehmend verherrlicht, auch von der jüngeren Generation, während Werte wie Sinnhaftigkeit, Mut, Integrität und Freundlichkeit nicht mehr so hoch geschätzt werden. Bücher wie »Sei ein Arsch« werden zu Bestsellern, und gleichzeitig wird der Begriff des »Mitgefühl-Burn-outs« immer populärer.

Bereits die antiken Philosophen erkannten, dass das eigene Verhalten im Einklang mit den eigenen Wertvorstellungen das

Selbstwertgefühl und damit die Resilienz erhöht. Ausserdem erkannten diese Denker, dass der ethische Kompass geübt werden muss. Aristoteles schrieb in seinem Werk »Nikomachische Ethik«: »Wir werden gerecht, wenn wir gerecht handeln, mässig, wenn wir mässig handeln, und tapfer, wenn wir tapfer handeln.« Er machte damit also schon mehr als dreihundert Jahre vor Christus klar, dass das Festhalten an einem ethischen Kompass und die Übernahme von Verantwortung untrennbar mit Resilienz verbunden sind. Führungsaufgaben stärken die Widerstandskraft, weil sie das Selbstbewusstsein, das Gefühl der Kontrolle und die soziale Vernetzung fördern.

Ethischer und moralischer Kompass im Vergleich

Ethische Überzeugungen und Resilienz Die Resilienzforschung zeigt, dass es einen Zusammenhang zwischen gefestigten moralischen und ethischen Überzeugungen und Resilienz gibt. Moral bezieht sich auf Prinzipien, Normen und Werte, die das Verhalten von Menschen und Gemeinschaften leiten und die in einer gewissen Kultur als richtig oder falsch, gut oder schlecht angesehen werden. Im Gegensatz dazu sucht Ethik nach begründbaren Kriterien, warum etwas gut oder schlecht ist, basierend auf der praktischen Vernunft. Ethik kann die geltende Moral kritisch hinterfragen, um herauszufinden, ob sie haltbar ist.

Gregor Hasler   Herr Berset, Sie haben immer wieder betont, dass Sie mit einem ethischen Kompass arbeiten, nicht aber mit einem moralischen. Können Sie das erklären?

Alain Berset   Es gibt für mich einen Unterschied zwischen Ethik und Moral. Diese Unterscheidung beruht nicht auf philosophischen Grundsätzen, sondern stammt aus meiner praktischen Arbeit. In der Soziologie spricht man zum Beispiel nicht von Arbeitsmoral, sondern von Arbeitsethik und Arbeitsethos. Ethik heisst für mich, gemäss State-of-the-Art-Standards zu arbeiten. Moral hat im politischen Alltag eher mit tradierten, konservativen Werten und Haltungen zu tun.

GH Welche Bedeutung hat Ethik gemäss Ihrer oben genannten Definition für Sie?

AB Dass man sich ehrlich, transparent, solidarisch, verantwortungsvoll und korrekt in der Sache engagiert. Es bedeutet aber nicht, dass man ein moralisch lupenreines Leben führen muss. Extremer Reichtum mag im Gesamtzusammenhang unmoralisch sein, aber auch ein superreicher Mensch kann sich auf ethisch integre Weise für die Armen in der Bevölkerung und für eine progressive Armutspolitik einsetzen.

GH Der Begriff »Cüpli-Sozialist« beinhaltet den Vorwurf, dass die Vertreterinnen und Vertreter der Armen gern Champagner trinken. Er wird auch gegen Ihre Partei verwendet und hat eine moralische Komponente.

AB Die meisten Sozialdemokraten, die vermögend sind und Immobilien besitzen, stimmen in Fragen der Steuer- oder Mietpolitik für Umverteilung und gegen ihre persönlichen Interessen, für das Gemeinwohl also. Es ist für die Gemeinschaft wichtig, dass sich Menschen gegen ihr eigenes Interesse für das Gemeinwohl einsetzen können, ohne als moralisch fragwürdig dazustehen. Eine Politik, in der Politikerinnen und Politiker nur ihre eigenen, persönlichen Interessen vertreten, wäre für die Gesellschaft katastrophal.

GH   Hier sehe ich eine Parallele zur Pandemiebewältigung, bei der sich Menschen mit geringem Covid-Gesundheitsrisiko für andere mit hohem Risiko eingesetzt haben.

AB   Das sehe ich auch so. Es ist der Sinn der Solidarität, dass man zugunsten der Gemeinschaft seine eigenen Interessen zurückstellt. Linke Politik geht davon aus, dass der Blick auf die Interessen der Gemeinschaft und auf Verteilungsgerechtigkeit, also Verzicht, zentral ist. Rechte Politik geht davon aus, dass die Befriedigung von Individualinteressen am Schluss für alle gut ist. Das mag für gewisse Aspekte zutreffen, aber die Ärmsten der Gesellschaft, die kein Geld und oft auch weniger Bildung oder andere Ressourcen haben und ihre Interessen daher auch nicht wirksam einbringen können, gehen dabei unter. Die Pandemie war ein gutes Beispiel dafür. Gewisse Vertreter des rechten politischen Spektrums vertraten die Moral: »Schau dir doch mal das Leben in der Wildnis an! Löwen fressen Gazellen. So ist es halt.« Wir sind aber Menschen und leben nicht in einem Naturpark.

GH   Die Resilienzforschung zeigt, dass Menschen mit klaren Werten und ethischen Grundsätzen für eine Krise besser gewappnet sind als solche, denen ein ethischer Kompass fehlt. Können Sie noch einmal Ihre Werte zusammenfassen?

AB   Ehrlichkeit, Transparenz, Solidarität und Kohärenz in der Arbeit. Ich habe immer Mühe gehabt, einer Aussage von mir zu widersprechen, die ich beispielsweise vor zehn Jahren gemacht habe. Es sei denn, Fakten haben sich verändert oder waren mir nicht bekannt.

GH   In der Pandemie war es besonders schwierig, kohärent zu sein, weil die Daten sehr schnell änderten.

AB Ja, ich musste meine Meinung ziemlich oft ändern, manchmal innerhalb von zwei Wochen, weil sich die Situation und die Datenlage neu präsentierten. Ich habe dies immer transparent gemacht. Das ist über die Pandemie hinaus eine politische Herausforderung unserer Zeit. Situationen und Informationen wechseln sehr schnell. Wie soll man als Politiker darauf reagieren, ohne die Glaubwürdigkeit zu verlieren? Der einzige Weg, den ich sehe, ist Transparenz. Man muss den Menschen die angepasste Sichtweise erklären und eine positive Haltung zur Bewegung vermitteln.

GH Es ist bei schnell wechselnden Datenlagen und Neubeurteilungen auch eine Herausforderung, solidarisch zu bleiben.

AB Zu Beginn der Pandemie war Solidarität zwar deutlich spürbar, vermutlich fehlte sie aber in gewissen Kreisen von Anfang an – nur blieb dieser Mangel zunächst unbemerkt. Im Verlauf der Krise sind die solidarischen Stimmen dann leiser geworden und die unzufriedenen lauter. Ich glaube nicht, dass sich die Fürsorge füreinander in der Pandemie stark verändert hat, sondern eher deren Wahrnehmung.

Moralisierung kann die Resilienz schwächen

GH In der Politik wird immer wieder versucht, die Resilienz des »Gegners« zu schwächen, indem seine moralische Integrität infrage gestellt wird. So wird etwa eine linke Politikerin kritisiert, weil sie ihre Steuern optimiert, auch wenn die Optimierung zu hundert Prozent legal ist.

AB Es ist sehr einfach, wenn man sachlich keine Argumente hat, moralisch zu argumentieren. Ich habe das bei mir gemerkt.

Als ich 2003 ins Parlament gewählt wurde, musste ich auf einmal mit sehr starken Gegnern debattieren, und ich ertappte mich dabei, dass ich ab und zu die moralische Keule schwang. Es war für mich sehr einfach, einem rechtsliberalen Kollegen in einer Debatte über Steuerpolitik vorzuwerfen, dass ihm das Gemeinwohl egal sei. Oder jemanden darauf aufmerksam zu machen, dass er sich über ein bestimmtes Thema nicht äussern dürfe, weil ihm dazu die persönliche Erfahrung fehle. Etwa: Man kann doch nicht ein Gesetz zur Armutsbekämpfung kritisieren, wenn man zehn Firmen besitzt und aus einer reichen Familie stammt.

GH Was stört Sie im Nachhinein an Ihrer moralischen Argumentation?

AB Sie vermittelt eine definitive, unbewegliche Haltung, nämlich diese: »*Ich* weiss, wie es ist. Punktum.« Der Gegner wird komplett entwertet, es wird ihm sogar das Recht abgesprochen, sich zu einem Thema zu äussern. Moralisierung verunmöglicht eine offene Debatte. In der Pandemie wäre es für mich besonders einfach gewesen, den Austausch mit Kritikern moralisch zu beenden. Die moralische Position ist nicht nur sehr einfach, sondern fördert auch die mentale Faulheit, denn für den Moralapostel ist es nicht nötig, seine Argumente fortlaufend zu verbessern. Als ich das als junger Parlamentarier erkannte, entschied ich mich dafür, auf die Moralkeule zu verzichten. Sicher gab es Rückfälle, und ich habe gelegentlich auch aus einem Rachegefühl heraus moralisch argumentiert, aber das war mir dann sehr bewusst.

Es ist recht schwierig, in einer moralischen Position langfristig kohärent zu bleiben. Man verheddert sich leicht in Widersprüche, auch in seinem Privatleben. Bei mir können Sie solche Widersprüche nicht finden. Ich habe nie gesagt, es sei skandalös, mit dem Flugzeug in die Ferien zu fliegen. Das hat bei mir sicher auch mit Eitelkeit zu tun. Ich möchte als Politiker mit Argumenten und nicht mit Moral überzeugen.

GH Die Moralkeule gegenüber Gegnern kann sehr wirksam sein, schwächt aber die Netzwerkorientierung und die politische Debatte. Interessant finde ich, dass die Versuche Ihrer Gegner, Sie moralisch zu schwächen, meistens misslangen. Die Tatsache, dass die moralischen Vorwürfe an Ihnen abprallten, nenne ich jetzt mal den »Teflon-Effekt«.

AB Das Geheimnis dieses »Teflon-Effekts« ist, dass es ihn nicht gab. Es handelte sich bei allem, was über mich aufgebauscht wurde, nicht um Skandale. Wichtig scheint mir, dass man auf Vorwürfe, die nicht stichhaltig sind, nicht reagiert. Meine Haltung widerspricht der Ansicht vieler Experten der Krisenkommunikation. Sie empfehlen, dass man sofort alles zugeben und sich für alles entschuldigen soll. Ich sage: »Nein!« Wenn man für etwas Abbitte leistet, ist dies ein Beleg dafür, dass es ein grösseres Problem gibt. Ist dies nicht der Fall, sollte man die Ruhe bewahren. Schweigen ist das Beste – zumindest dann, wenn es keinen richtigen Skandal gibt. Die meisten Menschen können, da bin ich mir sicher, einen Scheinskandal von einem richtigen unterscheiden. Solange man nichts Skandalöses getan hat, tut man gut daran, die Nerven nicht zu verlieren.

Vorbilder für den ethischen Kompass

GH Wir wissen aus der Forschung, dass Vorbilder für den ethischen Kompass eine besonders wichtige Rolle spielen. Wie hat sich Ihr persönlicher ethischer Kompass entwickelt? Hatten Sie Vorbilder?

AB Nein, ich habe keine direkten Vorbilder. Aber was die politische Haltung betrifft, haben Sie, Herr Hasler, mir einmal erzählt, dass die teilweise genetisch bestimmt ist.

Vererbung von politischen Überzeugungen Zwillingsstudien zeigen, dass zwischen dreissig und sechzig Prozent der politischen Orientierung vererbt sind, Aspekte wie Optimismus hinsichtlich sozialer Veränderungen und das Ausmass der Ablehnung von Ungleichheit eingeschlossen. Es gestaltet sich jedoch im Einzelfall schwierig, die genetischen Einflüsse von direkten Einflüssen durch Familienmitglieder zu unterscheiden. Daher ist es sowohl genetisch als auch sozial von Interesse, wenn jemand erzählt, wie er oder sie von Verwandten geprägt wurde.

GH Korrekt. Was hat Sie konkret geprägt?

AB Was mich als Kind massgeblich geprägt hat, war mein Aufwachsen in einem Dorf innerhalb einer liebevollen Familie. Eine besonders wichtige Person war für mich mein Grossvater mütterlicherseits. Er verbrachte sein gesamtes Berufsleben bei den Schweizerischen Bundesbahnen am Güterbahnhof in Freiburg. Sein Arbeitstag begann oft bereits in den frühen Morgenstunden, entweder um drei oder um fünf Uhr. Wenn ich dort in den Ferien war, hörte ich oft, wie er nachts aufstand, um zur

Arbeit zu gehen. Er setzte sich leidenschaftlich für die Gewerkschaften ein, um die Arbeitsbedingungen zu verbessern. Auch in der Gemeinde engagierte er sich, und zwar als langjähriger Gemeindesekretär. Später wurde er Gemeinderat und sogar Gemeindepräsident – einer der ersten sozialdemokratischen Gemeindepräsidenten im Kanton. Er hatte elf Geschwister und erlebte eine Armut, die heutzutage in der Schweiz kaum mehr vorstellbar ist. Sogar für Schuhe fehlte das Geld. Sein ausgeprägtes Gemeinschaftsgefühl und sein Interesse daran, zusammen mit anderen die Situation zu verbessern, ist sicher diesen frühen Erfahrungen geschuldet.

Mein Grossvater väterlicherseits kaufte ein Haus in Belfaux, in dem ich dann aufgewachsen bin. Das Haus war eine Ruine, und es regnete sogar hinein. Im Winter sammelte sich Schnee im Inneren des Hauses. Meine Familie hat das Haus renoviert. Es war eine langjährige Arbeit. Es gab also auch auf der Seite meines Vaters ein Bestreben, die Lebensumstände gemeinsam zu verbessern. Ausserdem war er beispielsweise über mehrere Jahrzehnte der technische Leiter eines Sportvereins. Das kollektive Engagement meiner Verwandten für die Gemeinschaft prägte mich nachhaltig.

GH Welche Personen ausserhalb des Familienkreises waren wichtig für Sie?

AB Es gibt viele Menschen, die einen prägenden Einfluss auf mich hatten. Meine Vorbilder sind oft nicht berühmte Persönlichkeiten, sondern normale Menschen. Zu den bekannteren Personen zähle ich Dick Marty, den FDP-Politiker, der sich sowohl national als auch international für wirtschaftliche Gerechtigkeit und Menschenrechte engagiert hat. Ebenso haben mich linke Politiker wie Christiane Brunner, Simonetta Sommaruga,

Christian Levrat und Andi Gross beeindruckt. Historisch betrachtet, finde ich General Dufour in gewisser Weise vorbildhaft. Er bewältigte den Sonderbundskrieg, den Schweizer Bürgerkrieg, der vom 3. bis 29. November 1847 dauerte, ohne die Verlierer zu demütigen. Dufour achtete während der Auseinandersetzung, so ist es überliefert, streng auf die Einhaltung humanitärer Grundsätze. Seine Maxime hiess: »Wir müssen aus diesem Kampf nicht nur siegreich, sondern auch ohne Vorwurf hervorgehen.« Diese vorbildliche Haltung war, davon bin ich überzeugt, von entscheidender Bedeutung für die Entwicklung der Schweiz, wie sie heute ist.

GH   Wer sind Ihre Vorbilder unter den ehemaligen, aber auch aktuellen Bundesrätinnen und Bundesräten?

AB   Simonetta Sommaruga habe ich erwähnt. Mir kommen gerade keine anderen in den Sinn. Bundesräte sind allgemein nicht so wichtig.

GH   Auch nicht der sozialdemokratische Bundesrat Hans-Peter Tschudi, der wie Sie dem Departement des Inneren vorstand und sehr viele Vorlagen durchgebracht hat?

AB   Ja klar, er ist eine zentrale Figur der Sozialdemokratie in der Schweiz. Damals gab es das grösste wirtschaftliche Wachstum in der Schweizer Geschichte. Es handelt sich dabei um die Zeit von 1959 bis 1973. Dem Bund stand damals jedes Jahr mehr Geld zur Verfügung, und Tschudi hat die richtigen Schritte zu einer fairen Verteilung unternommen. Heute ist das so leider nicht mehr möglich.

Kohärenzgefühl

Kohärenzgefühl und Resilienz Der Begriff Kohärenzsinn geht auf den israelisch-amerikanischen Stressforscher und Professor für Soziologie Aaron Antonovsky zurück. Er definierte ihn als »sense of coherence« und beschrieb damit die Fähigkeit eines Menschen, die ihm gebotenen mentalen Ressourcen zu nutzen, um gesund zu bleiben. Je ausgeprägter dieser Sinn ist, desto resilienter ist eine Person. Das Kohärenzgefühl beinhaltet drei Aspekte:
1. die Fähigkeit, eine belastende Situation intuitiv zu verstehen,
2. ihr einen Sinn zu geben, und
3. die Überzeugung, sie beeinflussen zu können.

Studien belegen, dass diese Fähigkeiten die Widerstandsfähigkeit eines Menschen, der unter Stress steht, erhöht. Das Kohärenzgefühl bietet Schutz vor Burn-out und Depression und hilft sogar, den Stress einer körperlichen Krankheit zu bewältigen. Der ethische Kompass ist eine wichtige Grundlage für das Kohärenzgefühl, weil er Kohärenz im Sinne von Verstehbarkeit, Sinnhaftigkeit und Handlungsorientierung bietet.

GH Verfügen Sie über einen guten Kohärenzsinn?

AB Für mich hängen Entscheidungsfreude, Entscheidungsfähigkeit und Kohärenzgefühl eng miteinander zusammen. Man kann nur dann entscheiden, wenn man eine gewisse Kohärenz sieht und erlebt. Das Kohärenzgefühl ist wie ein Muskel, den man trainieren muss. Die Pandemie gab mir die Gelegenheit, ihn sehr intensiv zu trainieren.

GH Hat Ihnen die Kohärenz während der Pandemie dabei geholfen, die Rationalität von Entscheidungen einzuschätzen?

AB Die Pandemie war so ein Schock, dass keine Kohärenz möglich war. Im Rückblick ist es unglaublich viel einfacher, Kohärenz wahrzunehmen. Es war sehr viel Nebel, und es war sehr schwierig, eine Linie zu erkennen. Wir haben viel Schaum gesehen, aber nicht die Wellen. Wie schon gesagt: Es ist überaus wichtig, den Schaum von der Welle zu unterscheiden. Zu Beginn der Pandemie war alles nur Schaum.

GH Wie sind Sie mit dieser Situation umgegangen?

AB Es war wichtig, zu akzeptieren, dass wir intellektuell nicht alles erfassen konnten. Wir sind keine Roboter, die eine Fülle von Nullen und Einsen in Hochgeschwindigkeit verarbeiten. Unser Hirn hat eine beschränkte Rechenleistung, wir Menschen funktionieren auch mit Intuition. Es ist wichtig, sie zu berücksichtigen. Es macht keinen Sinn, möglichst viele Informationen auswendig zu lernen, um entscheiden zu können. Wir müssen mit einer Auswahl von geeigneten Informationen einen Eindruck gewinnen. Wenn man in eine Wohnung kommt, erhält man sehr schnell einen Eindruck des Wohnraums, ohne dass man im Detail sagen könnte, wo welches Möbel steht. Ich konnte in der Pandemie nicht alles selbst lesen und wissen, ausserdem war ja auch sehr vieles ungewiss und unbekannt. Intuition, so wie ich sie verstehe, ist kein sechster Sinn und keine Inspiration aus einer anderen Welt. Es ist die Sedimentierung in ähnliche, frühere Erfahrung, die uns hilft, unter Stress zu entscheiden.

GH Sie betonen das Training des Kohärenzgefühls. Nimmt es mit dem Alter zu?

AB Ja, je älter man wird, desto besser wird die Fähigkeit, Kohärenz zu sehen, immer vorausgesetzt natürlich, man ist entscheidungsfreudig und gesteht sich selbst zu, Fehler machen zu dürfen. Nur so entsteht die Erfahrung, die zum Kohärenzgefühl beiträgt. In der Pandemie war die Politik zwangsläufig wenig kohärent. Beispielsweise war schwer zu verstehen, warum der eine Betrieb schliessen musste und der andere nicht. Die Kohärenz der Pandemiepolitik zeigte sich dynamisch über die Zeit. Bei jeder Entscheidung mussten wir überlegen: Was folgt danach? Gibt es noch eine Eskalationsmöglichkeit? Wie ist eine Deeskalierung möglich? Die zeitliche Perspektive war in der Pandemie kurz, etwa vier bis acht Wochen. Als wir im März 2020 fast alles geschlossen haben, war uns klar, dass es einen Ausstieg braucht. Wir waren der Bevölkerung, aber auch den Medien dank besseren Informationen immer einen Schritt voraus.

GH Sie betonen die zeitliche Dynamik von Kohärenz. Können Sie dies noch genauer beschreiben?

AB Ich benutze zur Veranschaulichung gern das Bild eines Films. Wenn man mit den Dreharbeiten beginnt, muss man das Ende schon kennen. Jeder Film ist unterschiedlich lang, was man ebenfalls von Beginn an berücksichtigen muss. Bei der Altersvorsorgereform, die leider kein Happy End hatte, drehten wir über sechs Jahre an dem Film. Wir hatten eine Ahnung, wohin die Reise geht, den genauen Schluss aber kannten wir natürlich nicht.

GH Wäre die Pandemie ein Film gewesen, hätte das Problem wohl darin bestanden, dass die Massnahmen vom Publikum sehr unterschiedlich wahrgenommen worden wären.

AB Es ist paradox: Wäre die Pandemie viel tödlicher verlaufen, wäre sie politisch einfacher zu bewältigen gewesen. Je klarer und brutaler eine Krise ist, desto einfacher ist es, nachvollziehbar zu handeln. Als Beispiel nehme ich gern die Tatsache, dass das Coronavirus am Anfang bei mehr als zehn Prozent der Menschen, die über fünfundsiebzig Jahre alt waren, zum Tod führte. Stellen Sie sich ein Virus vor – und ich meine das jetzt gar nicht zynisch –, das fünfzehn Prozent unserer Kinder getötet hätte. Gott sei Dank war es nicht so, aber in der öffentlichen Kommunikation und der Motivation der Bevölkerung wäre es einfacher gewesen, denn niemand hätte sagen können: »Aber diese Kinder haben doch schon ein gutes Leben gehabt.« Das Coronavirus war brutal, aber nicht unmöglich zu bewältigen. Deshalb war es mir immer wichtig, auf den Ernst der Lage hinzuweisen und Empathie für die Betroffenen zu zeigen, ohne die Situation zu dramatisieren. Mir war der Respekt vor dem Virus wichtig, nicht die Angst.

Transparenz

GH Transparenz ist einer Ihrer Grundwerte. Sie haben gesagt, dass Sie gern auch öffentlich zugeben, dass Sie nicht alles verstehen und nicht alles wissen. Ich zweifle, dass diese Art der Kommunikation auch in anderen Ländern, etwa in Deutschland, Italien oder Frankreich, funktionieren würde.

AB Sie haben recht, das wäre dort schwieriger. Unser politisches System der direkten Demokratie fördert die Haltung der Transparenz und Offenheit. In Deutschland wird der Bundestag alle vier Jahre neu gewählt. Es gibt dann eine Mehrheit mit einem Bundeskanzler und eine Regierung. Die so gewählte Regierung hat die Macht, Dinge durchzusetzen. In diesem System gibt es nicht viel Platz für Zweifel. In Frankreich ist es genauso. Es gibt in Frankreich sogar den Verfassungsartikel 49.3. Sobald Zweifel im französischen Parlament entstehen, kann mit dieser

Brechstange gedroht werden. Das ist sehr wirksam, wenn man zweifelnde Parlamentarier zur Zustimmung bewegen will: Entweder ihr stimmt zu, oder es gibt Neuwahlen. In solchen Systemen muss man als Politiker dauernd seine Gewissheit und Entschiedenheit hervorheben.

In der Schweiz ist es dank der direkten Demokratie immer klar, dass es keine politische Gewissheit gibt, denn es besteht ja stets die Möglichkeit, dass das Volk eine Entscheidung nicht unterstützt. In meinen zwölf Amtsjahren habe ich neunundzwanzig Volksabstimmungen bestritten. Bei jeder Abstimmung musste ich die Vorlagen erklären und dazu viele Interviews geben, an Debatten teilnehmen und dabei möglichst gut bestehen. In der Sendung »Arena« des Schweizer Fernsehens steht man seinen Gegnern direkt gegenüber. Natürlich muss man bei diesen Herausforderungen entschieden auftreten, aber mit der Haltung, dass man sich täuschen könnte und andere vielleicht die besseren Argumente haben und immer auch berechtigte Gründe. Rückblickend gesehen, war es ein Training, mit der eigenen Unsicherheit umzugehen, was mir in der Pandemie sicher geholfen hat.

Verantwortungsbereitschaft

Abnehmende Verantwortungsbereitschaft in der Schweiz? Im Sommer 2023 gab in der Schweiz eine Studie der Wirtschaftsprofessorin Prof. Dr. Dr. h. c. Margit Osterloh und der Soziologin Prof. Dr. Katja Rost viel zu reden. Ihre Befragung von neuntausend Studierenden an der ETH Zürich und der Universität Zürich ergab, dass viele junge Menschen mit guten intellektuellen Fähigkeiten keine Lust haben, eine Karriere anzustreben und beruflich grössere Verantwortung zu übernehmen.

GH Die Übernahme von Verantwortung ist gemäss einer Studie nicht das Lieblingsziel der jungen Schweizerinnen und Schweizer. Sie selbst kennen diese Abneigung gegenüber Verantwortung nicht. Warum nicht?

AB Wenn man in einer Landesregierung ist und keine Lust hat, Verantwortung zu übernehmen, muss man sich einen anderen Job suchen. Jede Person, die für den Bundesrat kandidiert, traut sich zu, Entscheidungen zu treffen und dafür geradezustehen. Bei mir hatte es auch mit der Einstellung zur Aufgabe eines Bundesrates zu tun. Wenn man für dieses Amt so viel opfert, auf ein gutes, ruhiges Leben so radikal verzichtet, sich für sein Land bedingungslos engagiert, mit allen positiven und negativen Aspekten, dann lohnt sich das nur, wenn man alles gibt. Und in einem Exekutivamt bedeutet »alles geben«, Verantwortung zu übernehmen. Was aber nicht heisst, alles an sich zu reissen. Die Verantwortung bezieht sich auf das Ziel, eine gute Lösung zu finden und dabei die Aufgaben optimal zu verteilen.

GH In der Schweiz besteht ja die Besonderheit, dass die Kantone, und nicht der Bund, für die Gesundheit zuständig sind. Die finanziellen Mittel dafür stehen also den Kantonen und nicht dem Bund zur Verfügung. Sind in einem solchen System Konflikte in der Aufgabenverteilung nicht vorprogrammiert?

AB Gemäss Pandemiegesetz sind die Kantone zuständig, richtig. Die Kantone waren sich aber sehr rasch einig, dass der Bund die Aufgabe übernehmen soll. Die erstaunlich rasche Einigung erfolgte aus der Überlegung, dass, wenn der Bund Massnahmen bestimmt, er diese auch finanzieren muss. Kommt dazu: Wenn etwas nicht gut geht, ist der Bund verantwortlich, und er muss auch die unangenehmen Entscheide fällen.

GH Das war für Sie und Ihr Team sicher eine Herausforderung, aber auch eine einmalige Chance.

AB Ja, es war für mich die Möglichkeit, meinen Einfluss zu maximieren, wozu ich ja stehe. Aber dieser Einfluss hat seinen Preis, nämlich die Verantwortung. Mich hat mein Job nie wegen des Titels interessiert. Es ist mir völlig egal, ob mich jemand im Dorf als Herr Bundesrat anspricht. Das Interessante am Bundesratsjob ist die Macht und der Einfluss, den man haben kann. Ich meine nicht Macht, um einfach mächtig zu sein, sondern die Befriedigung, dass man auf die Organisation einer Gesellschaft einwirken kann. Meine Beziehung zu Macht und Politik ist recht entspannt. Das Amt gab mir die Möglichkeit, mich einzubringen, aber jetzt, wo ich nicht mehr im Amt bin, fehlt es mir nicht. Nach den geleisteten zwölf Jahren war der Rücktritt eher eine Befreiung. Ich vermisse mein Büro in Bern nicht und hoffe, dass das so bleibt.

GH Sie waren vor Ihrer Wahl in den Bundesrat Parlamentarier und nicht Regierungsrat eines Kantons oder Präsident einer Gewerkschaft oder eines grossen Verbands. Sie hatten also kein Team und haben mehrheitlich allein an den Dossiers gearbeitet. War das ein Nachteil?

AB Nein. Es war vielleicht sogar ein Vorteil. Einige meiner Bundesratskollegen waren vorher auch nicht kantonale Regierungsräte, etwa Simonetta Sommaruga, Albert Rösti und Guy Parmelin, und sie alle haben auch kein Problem, Verantwortung zu übernehmen. Klar, eine gewisse Exekutiverfahrung ist schon von Vorteil, man weiss sicher besser, worauf man sich einlässt. Der Nachteil ist, dass man denken könnte, das Amt eines Regierungsrates eines kleinen Kantons sei mit dem eines Bundesrates vergleichbar. Aber dazwischen liegen Welten. Man kann die

Führungsmethoden, die man in einer kleineren Organisation erworben hat, nicht eins zu eins für die grössere Aufgabe übernehmen, sie passen schlicht nicht. Als Bundesrat musste ich alles für mich neu erfinden.

GH Zurück zu den Studentinnen und Studenten in Zürich, die keine ausgeprägte Verantwortungslust verspüren. Die, wie gesagt, eher Teilzeit arbeiten und Zeit für die Familie haben möchten, was ich persönlich ja auch sehr positiv finde. Aber Sie würden schon sagen: Verantwortungsbereitschaft heisst voller Einsatz, korrekt?

AB Ja, man kann nicht Teilzeit Bundesrat sein. Es ist auch nicht nur ein Hundert-Prozent-Pensum, sondern es ist eine Tätigkeit, die man verkörpern muss, und zwar in jeder Minute seines Daseins, denn in jeder Minute kann ein Problem auftreten, das unbedingte Präsenz erfordert. Man muss schlicht und einfach alles geben und sein Potenzial voll ausschöpfen. Ein Bundesrat, der von neun bis zwölf Uhr und von dreizehn bis siebzehn Uhr arbeitet, ist schlicht nicht denkbar.

GH Sie waren früher Sportler und Westschweizer Juniorenmeister im Achthundert-Meter-Lauf. Verwandte von Ihnen waren Läufer auf internationalem Niveau. Hat Ihre Einsatzbereitschaft mit Ihrer Erfahrung im Sport zu tun?

AB Ja, das kann man sicher so sagen. Es war die Erfahrung, für eine Tätigkeit sein Bestes zu geben. Das heisst nicht, dass man immer Vollgas geben muss. Leichtathleten, die Karriere machen wollen, müssen viel trainieren, unzählige Rennen laufen, sich aber auch maximal erholen. Sie müssen sich gut ernähren, aber nicht um des Essens willen, sondern um ihr Ziel im Sport zu erreichen. Das war in meiner Zeit als Bundesrat auch so. Mein übergeordnetes Ziel war es immer, in meinem Amt das Beste zu geben. Dazu braucht es die Bereitschaft, auf sich zu achten. Dazu gehören selbstverständlich auch Erholung, Kinobesuche, Ferien. Das Ziel der Erholung ist aber nie die Erholung, sondern dank ihr bereit zu sein, die beste Leistung zu erbringen. Im Bundesrat sitzen sieben Personen, die sich für inzwischen über neun Millionen Menschen einsetzen. Ohne volle Leistung geht das nicht.

GH Sie hatten das Glück, in Ihrer Familie Vorbilder zu haben, die alles gaben.

AB Die Unterschiede zwischen den Generationen faszinieren mich sehr. Die ältere Generation, die heute zwischen siebzig und neunzig Jahre alt ist, begann ihre berufliche Laufbahn in den Sechziger- und Siebzigerjahren, einer Zeit also, in der die Kommunikationsmittel noch nicht so beschleunigt und die Globalisierungsprobleme noch nicht so präsent waren. Diese Generation arbeitete viel. Dennoch gab es klare Grenzen zwischen Arbeitszeit, Familienzeit und Freizeit. Das Leben war nicht unbedingt einfacher, aber das Verhältnis zur Arbeit schien mir gesünder zu sein.

Dann kam unsere Generation, deren Arbeitswelt sich durch die Weiterentwicklung der Kommunikationsmittel und die Erwartung, ständig erreichbar zu sein, stark beschleunigte. Vor dreissig Jahren, vor der Ära der Smartphones also, gab es im Büro *ein* Telefon. War man zufällig dort, konnte man erreicht werden. Unterwegs nach Hause, ob zu Fuss, im Auto oder im Zug, war man nicht erreichbar, und daheim hatte man ein privates Telefon mit einer anderen Nummer. Durch die neuen Kommunikationsmittel ergab sich eine Beschleunigung, und diese veränderte die Arbeitsethik.

Wir gehören aber noch zu der Generation, die bereit ist, für die Arbeit alles zu geben. Nun tritt eine neue Generation auf den Plan, die sagt: »Nein, so nicht!« Sie beginnt, ihre Erreichbarkeit bewusst einzugrenzen, antwortet nach fünf Uhr nicht mehr und arbeitet nur noch Teilzeit. Das ist vermutlich gesünder – was dies aber für die Zukunft genau bedeutet, ist schwer einzuschätzen. Vielleicht werden die Menschen glücklicher, wer weiss, ich habe keine Ahnung.

Fairness und ethische Werte

Fairness und Resilienz Wir Menschen haben ein feines Gespür für Fairness-Normen, vor allem in Bezug auf uns selbst, und reagieren sehr stark auf Ungerechtigkeiten. Ungerechtigkeit löst bei uns Gefühle wie Ärger und Empörung aus, aber auch Neid, Eifersucht, Reizbarkeit und Traurigkeit. Erlebte Ungerechtigkeit führt zu einer Abnahme positiver Emotionen wie Freude und Wohlbefinden und ist deshalb auch eine Herausforderung für die Resilienz. Erlebte Gerechtigkeit hingegen hilft uns sogar, existenziellen Stress auszuhalten, etwa den lebensgefährlichen Kampf für eine gerechte Sache.

GH   Wie Sie schon etwas abgeklärt sagten, ist die Politik eine ungerechte Tätigkeit, die das Ziel hat, für Gerechtigkeit zu sorgen. Die Pandemie war sicher auch deshalb für viele ein anspruchsvoller Resilienztest, weil sie neue, nur empfundene oder tatsächliche, Ungerechtigkeiten schuf.

AB   Die Einschränkung sozialer Kontakte zur Verhinderung der Virusübertragung etwa führte tatsächlich zu Ungerechtigkeiten. Die Online-Streaming-Industrie profitierte von den Massnahmen, da ihre Produkte zu Hause allein oder im Familienkreis konsumiert werden konnten und deshalb die Nachfrage stieg. Kinos hingegen waren die Verlierer. Die gesamte Kulturbranche hat stark gelitten. Gleiches gilt für Cafés und Restaurants. Diese Ungerechtigkeit liegt in der Natur der Sache. Die Politik versuchte, diese Ungerechtigkeit durch Unterstützungszahlungen zu korrigieren, was sich als äusserst wirksam erwies. Normalerweise gehen in der Gastronomiebranche jedes Jahr recht viele Betriebe bankrott – das war auch in den Jahren 2018 und 2019 der Fall. Doch in den Pandemiejahren 2020 und 2021 gab es deutlich weniger Gastronomiebetriebe, die bankrottgingen. Tatsächlich überlebten viele Betriebe, nicht nur in der Gastronomie, gerade dank der Pandemiepolitik.

GH Es war also eine ebenso erfolgreiche wie aber auch kostspielige Art, das Gefühl der Gerechtigkeit zu vermitteln. Was müsste man tun, wenn in einer anderen Krise das Geld in derart grossen Mengen nicht zur Verfügung stehen würde?

AB Authentische Kommunikation ist immer zentral. Man muss die Ungerechtigkeit zugeben, aber auch erklären, weshalb die Mittel, gegen sie vorzugehen, begrenzt sind. Ich habe die Betroffenen immer gefragt, was die Politik besser machen könnte. Die Antworten auf diese Frage waren häufig enttäuschend. Es wurde etwa behauptet, dass es keine Pandemie gibt. Jemand fragte mich: »Aber was will diese alte Generation? Die hatten doch schon alles gehabt, ein schönes Leben, weshalb wollen Sie zum Schutz dieser Menschen die ganze Wirtschaft destabilisieren? Die dürfen doch sterben.«

GH Dies ist ein gutes Beispiel dafür, wie ein ethischer Kompass dabei hilft, eine Krise zu bewältigen, und wie gefährlich es sein kann, wenn dieser fehlt. Ethik untersucht solche Situationen kritisch auf der Grundlage allgemeiner Prinzipien und der Menschenrechte, insbesondere des Rechts auf Schutz und Leben, unabhängig vom Alter.

AB   Wie schon erwähnt: Wären Kinder am Virus gestorben, wäre es für viele einfacher gewesen, die Massnahmen zu akzeptieren. Niemand hätte gesagt, dass man die Kinder sterben lassen soll, davon bin ich überzeugt.

GH   Welcher ethische Wert hat Ihnen geholfen, die Massnahmen durchzusetzen?

AB   Der Schutz der ganzen Bevölkerung ist das A und O des staatlichen Handelns in einer solchen Situation. Seltsamerweise war es in der Pandemie möglich, das Sterbenlassen von Menschen zugunsten der Wirtschaft zu fordern. Ohne Pandemie traut sich niemand, ein solches Argument zu vertreten, etwa bei der Diskussion um die Gesundheitskosten. Da könnte man ja auch sagen: Die Ü75 haben doch ein gutes Leben gehabt. Sie sind nicht sehr weit von der durchschnittlichen Lebenserwartung entfernt, also, warum muss man sie noch kostspielig behandeln? In der Krise haben ausschliesslich Personen den Schutz von Menschenleben infrage gestellt, die keine Verantwortung trugen. Es war eine kleine Minderheit von ausgesprochenen Egozentrikern.

Recht und Resilienz

Gesetzliche Überregulierung und ihre Auswirkungen auf die Resilienz   Gesetzliche Überregulierung kann die Resilienz sowohl auf individueller als auch auf gesellschaftlicher Ebene schwächen. Die Einschränkung der individuellen Autonomie verringert die Möglichkeit von Selbstwirksamkeitserfahrungen, weil die Gelegenheit fehlt, selbständig auf Herausforderungen zu reagieren und dadurch die Resilienz zu stärken. Individuen, die ständig mit komplizierten und zeitraubenden Vorschriften konfrontiert sind, haben zudem weniger mentale Kapazitäten, zu reflektieren und neue Lösungen zu entwickeln.

Wenn der Staat eine übermässig regulierte Umgebung schafft, neigen Individuen und Gemeinschaften dazu, sich stärker auf staatliche Hilfe und Eingriffe zu verlassen, anstatt eigene Lösungen zu suchen und umzusetzen sowie auf ihre eigenen Fähigkeiten zu vertrauen. Dies kann langfristig die Entwicklung von Selbsthilfestrukturen und einer kollektiven Problemlösungsfähigkeit untergraben, was die soziale Resilienz schwächt.

GH Sie haben sehr genau Ihre Unterscheidung zwischen Moralisierung von Gegnern und dem ethischen Kompass, der auf praktischer Vernunft und Grundrechten basiert, aufgezeigt. Wie sehen Sie das Verhältnis des ethischen Kompasses zur Tendenz, immer mehr Lebensbereiche detailliert mit Gesetzen zu regeln?

AB In der Schweiz versuchen wir, mit möglichst wenig Regulierung auszukommen. Trotzdem hört man zunehmend die Kritik, die Schweiz werde zur administrativen Hölle. Das ist wiederum ein Pauschalurteil, mit dem ich wenig anfangen kann. Es ist vor allem die Wirtschaft, die von der Vorhersehbarkeit der rechtlichen Bedingungen profitiert und damit von einer detaillierten Regulierung. Besonders umfassend sind die Verordnungen im Agrarbereich. Die sind so unglaublich detailliert, dass es einem fast Angst einjagt, aber als Orientierungshilfe sind sie eben wichtig. Genau wie die Verordnungen für die Ernährungssicherheit. Man muss bei der Regulierung immer eine Balance zwischen Sicherheit und Bewegung finden.

GH Gilt das auch für die Pandemie?

AB Ja, die Krise hatte eine hohe Dichte an Vorschriften zur Folge. Zu Beginn der Pandemie waren sie sehr detailliert. Plötzlich mussten wir sehr viel definieren. Die Vorgaben konnten nicht exakt genug sein, und fast wurde gegenseitiges Bespitzeln zu einem Thema. Aber auch die Verordnungen für den Fall einer Stromknappheit sind sehr detailliert. So war, um nur ein Beispiel zu nennen, geplant, die Temperatur von Tellerwärmern zu regulieren. Wichtig ist es, diese hohe Regulierungsdichte zeitlich zu begrenzen.

Spasskultur

Spasskultur und Resilienz Eine Spasskultur kann die Resilienz schwächen, indem sie den Fokus auf sofortige Unterhaltung und Vergnügen legt, was tiefere Selbstreflexion und persönliche Entwicklung verhindert. Menschen neigen dazu, unangenehme Situationen zu vermeiden, und suchen stattdessen Ablenkung, was die Entwicklung von Bewältigungsstrategien behindert. Die Abhängigkeit von externen Reizen und ständiger Vergnügung verringert die Fähigkeit, Themen zu vertiefen und innere Zufriedenheit zu erlangen, und erhöht damit die Anfälligkeit für Stress. Sofortige Befriedigung senkt zudem die Frustrationstoleranz, wodurch Menschen weniger gut mit langfristigen Herausforderungen umgehen können. Sozial fördert die Spasskultur oberflächliche Bindungen, die weniger emotionale Unterstützung bieten, und eine materielle Fixierung, die die Entwicklung innerer Ressourcen behindert, die für die Resilienz wichtig sind.

GH Sie haben einmal gesagt, in der Demokratie bestünde die Gefahr, dass alles zum beliebigen Spass, zum Entertainment und zur Talkshow werde. Das Unterhaltungselement nehme zu und die ethischen Dimensionen ab. Sie haben auch gesagt, dass eine Diktatur vor einer beliebigen Spasskultur schütze, weil Diktatoren mächtig seien und sich sehr ernst nähmen. Womit Sie darauf hingewiesen haben, wie problematisch diese »demokratische« Spasskultur sein kann.

AB Als ich von Freiburg in die Hauptstadt Bern kam, sah ich die Riesendifferenz, die es zwischen der parlamentarischen Realität und der Wahrnehmung dieser Realität in den Medien gibt. Ich zeige es Ihnen am Beispiel einer Bundesratswahl auf. Wenn eine ansteht, beschäftigen sich viele Medienberichte mit ihr. Das Parlament hingegen nimmt sich ausgesprochen wenig Zeit für diesen demokratischen Prozess. Was kein Wunder ist, denn es ist relativ einfach: Es gibt ein paar Personen, die sich als Bundesrat bewerben, man spricht mit ihnen, verschafft sich einen Eindruck von ihnen, ihrer Erfahrung und ihrer bisherigen Tätigkeit, erkundet ihre politischen Interessen und fertig. So eine Bundesratswahl ist erstaunlich wenig spektakulär. Die wirkliche Arbeit im Parlament findet in den Kommissionen statt, in den Debatten über Sachthemen, Interventionen, Anträge, Motionen – das bedeutet alles viel schriftliche Arbeit. Diese Tätigkeit wird aber von den Medien fast nicht wahrgenommen.

Diese Verzerrung der Wahrnehmung ist ein allgemeines Phänomen in der Politik. Meine Kandidatur für den Europarat hat mir diese Differenz wieder aufgezeigt. Ich habe Dokumentationen über den Europarat studiert, mich intensiv mit der Erklärung von Reykjavík befasst und an meinem Lebenslauf gearbeitet. Die Presse hat sich primär für den in Aussicht stehenden

Lohn, die Grösse der Dienstwohnung und den möglichen Chauffeur interessiert. Alles Dinge, die mich nicht interessieren. Aber ich verstehe schon, dass materielle Faktoren, Räumlichkeiten und die Annehmlichkeit eines Chauffeurs einen hohen Unterhaltungswert haben.

Klar, die Medien sind frei in der Themenwahl. Aber es ist ein Problem, wenn selbst für die Qualitätsmedien die Ziele des Europarates einen zweitrangigen Nachrichtenwert besitzen. Der ganze Zirkus, so empfinde ich es, wendet sich vom Kern der politischen Arbeit immer mehr ab. Ich will hier kein Medienbashing betreiben, aber festhalten, dass man die Journalistinnen und Journalisten, die sich vertieft mit einem Thema beschäftigen, oft leider nicht hört. Aber ja, klar, die Medien stehen unter ökonomischem Stress und sind Dienstleistende an ihrer Leserschaft.

GH   Hat das Polit-Entertainment in der Pandemie abgenommen?

AB   Das ist schwierig zu sagen. Die Politik hat die Menschen während der Pandemie direkter betroffen. Die Bevölkerung stellte sich Fragen darüber, was die Krise für sie persönlich, ihre Familie, ihre Freunde, ihre Urlaube und ihre Zukunft bedeutet. Übrigens haben wir bewusst Unterhaltungselemente genutzt, um die Umsetzung der Massnahmen zu fördern. Einmal haben wir beispielsweise einen Instagram-Challenge mit Roger Federer lanciert, um auf die Notwendigkeit des Zuhause-Bleibens aufmerksam zu machen. Das kann man gut als Unterhaltung bezeichnen, da Roger Federer kein Virologe, dafür aber sehr bekannt ist. Als Politiker können wir nicht einfach die Medien kritisieren, sondern müssen uns der Realität der Medien stellen.

Zusammenfassung

Alain Berset beschreibt den Begriff, die Entwicklung und die praktische Bedeutung des ethischen Kompasses mithilfe dreier Punkte.

1. *Ethischer und moralischer Kompass im Vergleich:* Alain Berset betont die Wichtigkeit, sich auch unter Stress ehrlich, transparent, solidarisch, verantwortungsvoll und korrekt zu verhalten. Dies bedeutet für ihn jedoch nicht, dass man ein moralisch einwandfreies Leben führen muss. Für ihn ist es zudem falsch, den Gegner moralisch zu entwerten und den Austausch mit ihm zu verweigern.
2. *Kohärenzgefühl:* Alain Berset erlebte einen engen Zusammenhang zwischen Entscheidungsfreude, Entscheidungsfähigkeit und Kohärenzgefühl. Dabei trägt die Lebenserfahrung entscheidend zum Kohärenzgefühl bei, insbesondere die Möglichkeit, in einer verantwortungsvollen Aufgabe viele Entscheidungen treffen zu müssen und dabei Fehler machen zu dürfen.
3. *Verantwortungsbereitschaft:* Für Alain Berset bedeutet Verantwortung für eine Tätigkeit, sein Bestes zu geben. Er vergleicht die Verantwortung in der Politik mit der von Spitzensportlern, die gewissenhaft trainieren und sich gut ernähren, um im Wettkampf die beste Leistung zu erzielen und ein übergeordnetes Ziel im Sport erreichen zu können. Dieser Vergleich gilt für alle Menschen, die grosse Verantwortung übernehmen, egal, ob im Geschäfts- oder im Privatleben. Sie müssen die eigenen Bedürfnisse der Aufgabe unterordnen, um die nötige Verantwortung wahrnehmen zu können.

6 · Die Kunst des Verbrennens

Positive Gefühle spielen eine entscheidende Rolle bei der Bewältigung von Stress. Sie zeigen uns, dass wir nicht nur passiv Druck ertragen, sondern auch die Fähigkeit besitzen, proaktiv nach Lösungen zu suchen, neue Erkenntnisse zu gewinnen und alternative Perspektiven sowie Lösungswege zu entwickeln. Im menschlichen Gehirn wird die Regulation positiver Emotionen und der Motivation durch das neuronale Belohnungssystem gesteuert. Die Aktivierung dieses Systems hemmt die körperliche Stressreaktion und ermöglicht Weitblick und Hoffnung, wodurch sie zu einem entscheidenden Faktor der Resilienz wird. Diese Erkenntnis unterstreicht die Bedeutung von Feedback, Resonanz, Anerkennung und Hoffnung in der Bewältigung von Stress in Zeiten grosser Herausforderungen. Hinter einem Burnout mag die übergrosse Bereitschaft stecken, selbst »zu verbrennen«, häufig steckt aber auch die Unfähigkeit dahinter, überhaupt in Brand zu geraten.

Voller Einsatz als Erfolgsfaktor

Gregor Hasler Herr Berset, Sie haben Ihre Arbeitsweise im ersten Kapitel, das sich mit der Unsicherheit beschäftigt, mit einer Kerze verglichen, die man an beiden Enden anzündet. Sie sagten: »So brennt sie zweimal schneller. Und am Schluss gibt es nur noch einen kleinen Rest aus Wachs.« Woher kommt Ihre Bereitschaft, sich so zu verbrennen?

Alain Berset Als ich den Sprung in den Bundesrat wagte, war mir klar, dass das Amt meinen vollen Einsatz erforderte. Ich hatte nicht vor, mir andere Wege offen zu halten oder Alternativen zu suchen. Mein Schritt war voll und ganz von der Überzeugung geleitet, alles zu geben, um einen guten Job zu machen.

GH War das schon immer Ihre Haltung?

AB Schon in meiner Jugend, als ich mit vierzehn, fünfzehn, sechzehn Jahren Leichtathletik betrieb, setzte ich alles daran, mein Bestes zu geben. Mein damaliges Ziel war, Olympiasieger zu werden. Diese Vorstellung war vielleicht naiv, sogar ein wenig töricht, aber sie war durch und durch aufrichtig. Damals lernte ich eine wichtige Lektion: Wenn ich nach einem Achthundert-Meter-Lauf nicht völlig erschöpft bin, habe ich nicht alles gegeben, und damit vergebe ich mir die Chance, ganz nach vorne zu kommen.

GH Und später, während des Studiums der Politik- und Wirtschaftswissenschaften?

AB Auch dort war mein Vorsatz, alles zu geben. Doch bald stellte sich Enttäuschung ein. Mir schien, dass in meinem Umfeld echter Ehrgeiz fehlte und stattdessen nur auswendig gelernt wurde, ohne sich wirklich tiefgehend mit den Themen auseinanderzusetzen. Deshalb entschied ich mich, eine Dissertation zu schreiben, um dabei wirklich eine Bestleistung erbringen zu können. Bei der Arbeit an meiner Dissertation fühlte ich mich tatsächlich herausgefordert.

GH Wie war es in Ihrer Zeit im Parlament?

AB Dort habe ich ebenfalls alles gegeben, was ziemlich riskant ist, da Ständerat kein klassischer Beruf ist und es keine wirkliche Altersvorsorge gibt. Um solche praktischen Angelegenheiten habe ich mich nicht allzu sehr gekümmert, sondern mich voll und ganz auf meine Aufgaben konzentriert und Vollgas gegeben.

GH Nach allem, was Sie bis jetzt gesagt haben, erübrigt sich meine nächste Frage eigentlich. Sie wäre gewesen: Haben Sie schon vor der Pandemie im Bundesrat Vollgas gegeben?

AB Nein, nein, die Frage ist gut, denn: Am Anfang meiner Amtsperiode hatte ich wirklich ein paar Jahre, die klar einfacher waren, Schönwetterzeiten, so von 2012 bis 2015. Danach wurde es rauer und in der Pandemie stürmisch. In der Krise war es undenkbar, nicht alles zu geben. Die Erfahrung als Sportler half mir. Ich wusste, nach diesem Einsatz würde ich entweder erschöpft sein, oder ich hatte nicht alles gegeben. Wie schon gesagt: Ein Sportler, der im Wettkampf nicht alles gegeben hat, ist kein Athlet.

GH Sie waren beruflich immer sehr erfolgreich. Ihre Kunst des bewussten Verbrennens ist kein empfohlener Resilienzfaktor, doch Resilienz ist letztlich auch nicht Ihr wichtigstes Ziel. Ist das Verbrennen Ihr Erfolgsgeheimnis?

AB Wenn man alles gibt, steigen die Chancen auf Erfolg. Noch wichtiger scheint mir aber nicht der nach aussen sichtbare, sondern der persönliche Erfolg. Wenn ich alles gegeben habe, muss ich nichts bereuen.

Gelassenheit

GH Was sind die wichtigsten Nachteile dieser Art des maximalen Verbrennens?

AB Wenn man zu viel will, ist die Gefahr gross, dass man verkrampft wird. Im Sport lernt man, mit Blockaden umzugehen, etwa mit einer Massage, einer Pause und einer verbesserten Körperwahrnehmung. Ein klarer Fokus und die Bereitschaft, alles zu geben, reichen für den Erfolg nicht. Es braucht zusätzlich eine gewisse Gelassenheit.

GH Sie unterscheiden also zwischen dem äusseren Erfolg und dem Ziel, persönlich das Beste zu geben.

AB Gelassenheit entsteht aus dem Bewusstsein, dass man sein Bestes gegeben hat und den Rest den Umständen überlassen muss. Es bedeutet, alles zu tun, um das zu beeinflussen, was in unserer Macht steht, ohne sich daran zu klammern, Dinge ändern zu wollen, die ausserhalb unserer Kontrolle liegen. Es ist eine Kunst des Loslassens.

Intrinsische Motivation

Intrinsische Motivation und Resilienz In der Psychologie wird zwischen intrinsischer, also innerer, und extrinsischer, also äusserer Motivation unterschieden. Politiker profitieren im Gegensatz zu Forschern und vielen anderen Berufsgruppen oft von zahlreichen extrinsischen Anreizen wie Medienberichterstattung, öffentlicher Anerkennung und Applaus. Im Sport hingegen sind beide Arten der Motivation möglich: Man kann einen Marathon mit dem Ziel laufen, zu gewinnen, oder aus rein intrinsischen Beweggründen, für sich selbst. Intrinsische Motivation ist ein wichtiger Resilienzfaktor, weil sie uns unabhängig von äusseren Einflüssen und Rückschlägen macht. Ein beeindruckendes Beispiel für einen Schweizer Paralympics-Sieger mit viel intrinsischer Motivation ist Marcel Hug, auch bekannt als »Silver Bullet«. Seine Vorbereitungen und sein Auftritt 2021 an der TED-Veranstaltung in Ecublens, die ich live miterlebte, haben mich tief beeindruckt.

Marcel Hug, geboren 1986, ist ein Rollstuhlsportler, der sich auf Langstreckenrennen spezialisiert hat. Von Geburt an mit Spina bifida, einer Fehlbildung der Wirbelsäule, konfrontiert, liess er sich nie von seinen körperlichen Einschränkungen entmutigen. Bereits im Alter von zehn Jahren begann er mit Rollstuhlrennen, inspiriert von seiner Leidenschaft für den Sport und dem Wunsch, seine Grenzen zu überwinden. Seine beeindruckende Karriere ist geprägt von zahlreichen Siegen und Medaillen bei den Paralympischen Spielen, Weltmeisterschaften und weltweiten Marathonrennen. Besonders hervorzuheben ist sein innerer Antrieb, immer besser zu werden und neue persönliche Bestleistungen zu erzielen. Doch Marcel Hugs Ziele und Erfolge sind tief in seiner Freude an Bewegung und Sport verwurzelt. Er hat mehrfach betont, dass seine Motivation nicht nur von Medaillen oder Anerkennung abhängt, sondern von der inneren Zufriedenheit, seine eigenen Fähigkeiten kontinuierlich zu verbessern und Herausforderungen zu meistern.

GH Sind Sie eher extrinsisch oder intrinsisch motiviert?

AB Das ist bei meiner Aufgabe als Politiker schwierig zu beantworten. Ein zentraler Antrieb für mich ist die Möglichkeit, Einfluss auf die Gestaltung der Gesellschaft zu nehmen, um auf ihre Weiterentwicklung einzuwirken. Schön wäre es für mich, diesen Einfluss ausüben zu können, ohne die Nachteile politischer Sichtbarkeit in Kauf nehmen zu müssen, wenn ich mich also ganz und gar darauf konzentrieren könnte. Einfluss zu haben, bedeutet nicht zwangsläufig, bei der Bevölkerung beliebt oder unbeliebt zu sein oder auf der Strasse erkannt zu werden. In der Wirtschaft gibt es Personen mit enormem Einfluss, die jedoch öffentlich kaum bekannt sind. Eine solche Rolle zu haben, ist aber nur möglich, wenn man sich für eine Firma oder besondere Interessen engagiert. Mein Fokus war immer das Gemeinwohl und mein Einfluss darauf – das steht für mich über den äusseren Bewertungen. Politisches Handeln erfordert Öffentlichkeit, doch das war nie mein Hauptanliegen.

GH Die Öffentlichkeit muss die Arbeit von Politikerinnen und Politikern beurteilen können, auch wenn es unangenehm für sie ist. Was macht die Möglichkeit, Einfluss auf die gesellschaftliche Organisation zu nehmen, für Sie so attraktiv?

AB Sicher einmal die intellektuelle Herausforderung. Um Einfluss nehmen zu können, braucht es eine klare Kommunikation, die Erschaffung von Bildern, um Probleme darzustellen. Dann auch die psychologische Herausforderung. Ich muss persönlich überzeugen. Wenn ich krank, unsicher oder ängstlich wirke, ist meine Einflussmöglichkeit gering.

GH Geht es Ihnen auch darum, Macht auszuüben?

AB Das habe ich mich schon selbst gefragt. Vermutlich schon. Man sagt mir auch oft, dass ich gern alles unter Kontrolle habe.

GH Momente der Ohnmacht können einen tiefgreifenden Einfluss auf die persönliche Entwicklung haben. Solche Erfahrungen können zunächst das Selbstvertrauen und das Gefühl der

Kontrolle mindern. Doch im weiteren Verlauf können sie als Katalysator für Wachstum und Resilienz wirken. Haben Sie Situationen von Ohnmacht erlebt? Wenn ja, haben diese Sie beeinflusst?

AB Nein, wenn mir etwas nicht gefällt, ergreife ich aktiv Massnahmen dagegen. Das war schon immer meine Herangehensweise. Dies hängt wiederum mit dem Prinzip der Bewegung zusammen: Wenn etwas nicht richtig oder stimmig ist, muss man es ändern. Ich bemühe mich stets, aktiv zu bleiben und etwas zu unternehmen. Das Gefühl, in einer Situation völlig blockiert zu sein, kenne ich nicht.

GH Was ist wichtiger? Mehr Einfluss zu haben als andere oder weniger von den anderen beeinflusst zu werden?

AB Diese Frage stellt sich nicht unbedingt. Es ist nicht ein Box-Match. Es geht mir mehr darum, gemäss meinen Überzeugungen zu leben. Letztlich hat es mit der Bereitschaft zu tun, Verantwortung zu übernehmen. Und bei mir hat es zusätzlich mit der Freude an der Bewegung zu tun: Lieber etwas falsch machen, es zu merken und zu korrigieren, als gar nichts machen. Diese Einstellung hat mir in der Pandemie sehr geholfen.

»Verschlimmbessern« und Resilienz »Verschlimmbessern« beschreibt den Versuch, etwas zu verbessern, der aber scheitert und das Ergebnis schlechter macht. Es ist eine humorvolle und ironische Kombination der Wörter »verschlimmern« (verschlechtern) und »verbessern« (besser machen). Dieses Phänomen tritt oft auf, wenn gut gemeinte Änderungen oder Korrekturen nicht die beabsichtigte positive Wirkung haben und stattdessen das Problem vergrössern oder neue Probleme schaffen. Ein Beispiel für »verschlimmbessern« könnte ein Software-Update sein, das entwickelt wurde, um Fehler zu beheben und die Benutzerfreundlichkeit zu verbessern, stattdessen aber neue Fehler einführt und die Benutzerfreundlichkeit verschlechtert. Ein anderes Beispiel könnte sein, wenn jemand versucht, ein Möbelstück zu reparieren, indem er es zusammenleimt, dabei aber so viel Klebstoff verwendet, dass die Teile starr werden und sich nicht mehr bewegen lassen, was das Möbelstück unbrauchbar macht. »Verschlimmbessern« ist ein Grund, weshalb Perfektionismus die Resilienz schwächen kann.

GH Mir scheint, dass Sie als Politiker die Einflussnahme höher als die Resilienz gewichten, was die Gefahr des »Verschlimmbesserns« mit sich bringt. Unter solchen Umständen kann es meines Erachtens sinnvoll sein, sich »transparent« bewusst zu werden, dass man machtlos ist. Doch zurück zu Ihrer Entscheidungsfreude: Welche Werte steuern Ihre politische Einflussnahme?

AB Die Werte sind das Rückgrat. Generell bin ich zutiefst davon überzeugt, dass konvergente Gesellschaften besser funktionieren als divergente. Für die Konvergenz darf die Ungleichheit ein gewisses Mass allerdings nicht überschreiten. In einer Krise wie der Covid-Pandemie vergrössert die Unsicherheit die Ungleichheit. Es ging darum, diese natürliche Tendenz gering zu halten und das Optimum für die Weiterentwicklung der Gesellschaft zu finden. Ich habe kürzlich eine E-Mail einer Ärztin erhalten, die Long-Covid-Patienten betreut. Sie wirft mir vor, durch zu lockere Massnahmen Menschen umgebracht zu haben. Ich kann sie verstehen, aber sie sieht nur ihren kleinen Ausschnitt der Welt. Als Politiker muss man immer die gesamte Gesellschaft im Auge haben.

Die Kunst der Langeweile

GH Menschen wie Sie, die die grosse Herausforderung suchen und brauchen, laufen Gefahr, dass sie sich – selbst in sehr hohen Positionen – langweilen. Kennen Sie dieses Problem?

AB Ja, Langeweile stellt für mich gelegentlich ein Problem dar. Doch auch hier kommt mir meine Neigung, stets aktiv zu sein, zugute. Nach meinem Präsidialjahr im Ständerat – ich war damals bereits acht Jahre im Parlament – begann ich mich etwas zu langweilen. Ich kannte alle Abläufe bis ins Detail und spürte, dass ich etwas Neues beginnen musste. Das war das Jahr, in dem ich das Fliegen lernte. Es war eine bewusste Entscheidung, mich einer Sache zu widmen, in der ich zuvor keinerlei Kenntnisse hatte. Das war einige Jahre vor der Wahl in den Bundesrat.

GH Haben Sie sich auch als Bundesrat gelangweilt?

AB Ich hatte für die Altersvorsorgereform, die im Jahr 2017 abgelehnt wurde, alles gegeben. Nach meinem Präsidialjahr 2018 war die Spannung bei mir weg. Trotzdem habe ich 2019 meine Tage frühmorgens begonnen, war um halb acht im Büro und bestritt um acht das Briefing mit meinem Team. Danach kamen durchgehend Sitzungen oft bis acht Uhr abends. Das Programm war sehr voll, aber ja, ohne Spannung bestand die Gefahr, dass ich mich gelegentlich langweilte. Das achte Jahr in einem Job ist für mich immer kritisch. Im achten Jahr im Parlament wurde ich in den Bundesrat gewählt. Und nach acht Jahren im Bundesrat ist die Pandemie gekommen, und ich habe mich ganz sicher nicht gelangweilt.

Die Maslow-Pyramide der Bedürfnisse

Maslowsche Bedürfnispyramide und Resilienz Aus der humanistischen Psychologie ist die Bedürfnispyramide des amerikanischen Psychologen Abraham Maslow bekannt, der die menschlichen Bedürfnisse und Motivationen in einem Modell mit hierarchischer Struktur darzustellen und zu erklären versuchte. Die grundlegendsten Bedürfnisse wie Atmung, Wasser, Nahrung, Wärme, Schlaf und Fortpflanzung stehen in seiner Pyramide auf der untersten Stufe, dann kommt das Bedürfnis nach Sicherheit, dann soziale Bedürfnisse, auf der vierten Stufe stehen die individuellen Bedürfnisse, und ganz oben, auf der fünften Stufe der Pyramide, steht das Bedürfnis nach Selbstverwirklichung. Die Idee dahinter ist, dass die grundlegendsten Bedürfnisse des Einzelnen erfüllt sein müssen, bevor er motiviert ist, die höheren Bedürfnisse zu erfüllen. Umgekehrt fällt man durch Frustration beziehungsweise Zurücksetzung von Bedürfnissen immer tiefer in der Pyramide, was die Resilienz untergräbt.

GH Fühlten Sie sich psychisch immer auf der höchsten Stufe der Maslow-Pyramide der Bedürfnisse, also bei der sozialen Entfaltung und der Selbstverwirklichung?

AB Bis zur Pandemie ja, aber dann wurden durch sie meine Freizeit und auch mein zeitlicher Horizont brutal eingeschränkt. Täglich zu lesen, dass man unfähig sei und möglicherweise innerhalb von Stunden oder Tagen abgesetzt würde, erzeugte zusätzlich enormen Druck. Die medialen Angriffe und die schmutzigen Tests meiner Belastbarkeit empfand ich als pervers. Während der Krise konnte ich mich auch persönlich nicht weiterentwickeln; ich fühlte mich in der Situation gefangen. Meine persönlichen Projekte kamen zum Stillstand. Es ging nur noch darum, Zeit zum Essen und Schlafen zu finden. Das war äusserst frustrierend. Man gibt alles, riskiert seine ganze Karriere, und trotzdem bleibt keine Möglichkeit zur persönlichen Entfaltung. Ich wusste, dass ich so nicht ewig durchhalten konnte. Die Möglichkeit der Bewegung war kaum mehr gegeben.

GH Die Pandemie hat Sie also auf Ihre Grundbedürfnisse zurückgeworfen?

AB Das kann man sicher so sagen. Es ging aber nicht nur mir so. Viele Gesundheitsminister anderer Länder haben das wohl auch erlebt, es aber nicht lange ausgehalten.

Lifestyle

GH Ich weiss, Sie achteten während der Pandemie sehr bewusst auf Ihre Nahrung und Ihren Schlaf. Haben Sie ein besonderes Power-Food-Rezept?

AB Meine Ernährung hat sich während der Krise in der Tat verändert. Ich reduzierte den Fettanteil erheblich, ass deutlich weniger Fleisch, dafür mehr Rohkost und insbesondere viel Salat. Ich habe ein Salatrezept entwickelt, das für mich besonders gut funktionierte. Meine Mitarbeitenden machten sich oft darüber lustig, weil ich täglich denselben Salat ass. Er bestand aus glatter Petersilie, jungen Zwiebeln, Fetakäse und Olivenöl. Ich esse ihn noch heute oft. Gelegentlich gönne ich mir auch ein Tatar. Aber ich gebe zu, ich folge keinem festen Plan und wähle meine Nahrung spontan aus. Vermutlich werde ich jedoch nun mit fünfzig Jahren meine Ernährungsgewohnheiten überdenken und überhaupt mehr Struktur in meinen Lebensstil bringen müssen.

GH Wie haben Sie in der Pandemie geschlafen?

AB Manchmal ist die Qualität meines Schlafes schlecht, aber ich versuche, nie weniger als sieben Stunden zu schlafen. Ich habe übrigens nie Verständnis für Politiker gehabt, die behaupten, sie bräuchten nur wenig Schlaf. Ich glaube nicht an die Existenz von Übermenschen, die mit nur vier Stunden Schlaf pro Nacht auskommen. Viele von ihnen übertreiben wohl auch, um zu demonstrieren, dass sie alles für ihren Job geben und sogar den Schlaf opfern. Selbst in den härtesten Phasen der Pandemie habe ich immer versucht, zu meinen sieben Stunden Schlaf zu kommen. Die Qualität war zwar nicht immer gut, aber eine Reduzierung der Schlafdauer empfand ich stets als riskant. Schlafmangel gehört nicht zu meinen Resilienzstrategien. Nicht zu essen, ist ebenfalls kein nachhaltiges Mittel gegen Stress. Für mich war und ist der Schlaf immer eine Zuflucht, ein sicherer Hafen.

Burn-out aktiv vorbeugen

Was ist Burn-out? Immer mehr Menschen leiden unter Burn-out, einem inneren Verbrennen der unangenehmen Art. Damit ist eine anhaltende Erschöpfung und eine Schwächung der Resilienz gemeint, die oft zusammen mit Unzufriedenheit im Job, Sarkasmus, fehlender Identifikation mit der Arbeit und psychosomatischen Beschwerden wie Nackenverspannungen und Schlafstörungen auftreten. Auch die Unfähigkeit, für eine Sache zu brennen, kann als Symptom eines Burn-outs wahrgenommen werden.

GH Gab es in Ihrer Karriere jemals Momente, in denen Sie die Gefahr eines Burn-outs verspürt haben?

AB Die grösste Gefahr war im Jahr 2019, als ich volle Tage hatte, aber keine wirklich neue Herausforderung.

GH Diese Unterforderung nennt man dann allerdings Bore-out, auf Neudeutsch Ausgelangweilt-Sein. Aber zurück zum Burn-out. Bestand die Gefahr dafür in der Pandemie?

AB Ja. Gelegentlich verlor ich die Freude an meiner Arbeit, und obwohl ich normalerweise gut schlafe, erwachte ich manchmal mitten in der Nacht, in meinem Kopf wirbelten die Gedanken, und am Morgen fühlte ich mich nicht erholt. Es war ein Gefühl, das ich kannte, denn im Spätherbst 2012, meinem ersten Jahr im Bundesrat, spürte ich – zum ersten Mal in meinem Leben –, dass ich psychisch an meine Grenzen stossen könnte. Die vielen Sitzungen und Reisen zehrten an mir. Ich teilte meinem Team mit, dass ich am Limit laufe und die Gefahr besteht, dass ich von einem Tag auf den anderen komplett ausfalle. Daraufhin haben wir das Programm für den Dezember neu organisiert, einige Termine ganz gestrichen und andere auf den Januar verschoben. Dadurch konnten wir meine Arbeitsbelastung um fünfzehn Prozent reduzieren. Wichtiger als diese Reduktion war jedoch, zu erleben, wie sehr mein Team mich beschützte. Diese Erfahrung half mir, neue Kraft zu schöpfen und Zuversicht zu gewinnen. Ein weiterer kritischer Moment war im Jahr 2017, einige Monate vor der Abstimmung über die Altersvorsorgereform. Ich musste mein Zeitmanagement an meine Belastbarkeit anpassen, weil mein Motor überdrehte – so wie ein Herz, das so schnell schlägt, dass seine Effizienz abnimmt. Diese Erfahrungen mit Stress haben mir entscheidend dabei geholfen, den Druck während der Pandemie zu bewältigen und nicht in ein Burn-out zu laufen.

GH Gab es Momente, in denen Sie sarkastisch wurden, Zweifel an Ihrer beruflichen Identität hatten?

AB Nein. Ein grosser Vorteil war, dass ich überzeugt davon war, dass die Krise ein Ende finden würde. Es war belastend, nicht zu wissen, wie lange sie dauern würde, aber die Gewissheit, dass sie nicht nur einen Anfang, sondern auch ein Ende haben würde, half mir enorm. Der Abschluss für mich war die dritte Covid-Abstimmung am 18. Juni 2023. Ich wusste, dass mit dieser Abstimmung ein Zyklus endete und die Zeit für eine Veränderung gekommen war. Monate im Voraus, das Virus war bereits gut unter Kontrolle, war mir klar, dass das Ende der akuten Pandemiebewältigung mit dieser Abstimmung erreicht sein würde. Drei Tage nach der Abstimmung, am 21. Juni 2023, teilte ich dem Bundesrat mit: »Mein Job ist erledigt. Ich gehe jetzt.« Das ist ein Vorteil eines Bundesratspostens. Wenn man die Last nicht mehr tragen kann oder bereit für einen neuen Lebensabschnitt ist, kann man immer zurücktreten. Der Rücktritt eines Schweizer Bundesrates löst keine Staats- oder politische Krise aus. Im Gegensatz dazu könnte der plötzliche Rücktritt des Präsidenten der USA oder Frankreichs eine politische Krise auslösen, weil er nicht so schnell ersetzt werden kann.

GH Haben Sie während der Pandemie ein »helper's high« erlebt, eine innere Wärme, weil Sie helfen konnten?

AB Nein, ich sehe mich nicht als Helden, der andere rettet. Ich habe lediglich meinen Job gemacht. Was mich angetrieben hat, war ein Gefühl der Verantwortung, nicht die Absicht, in der Krise ein Held zu sein.

»**Helper's high« und Resilienz**   Das Phänomen des sogenannten »helper's high« beschreibt, wie die Unterstützung von Mitmenschen die Resilienz steigern kann. Der kanadische Schauspieler Keanu Reeves ist bekannt dafür, einen grossen Teil seines Einkommens an wohltätige Zwecke zu spenden und oft anonym anderen Menschen zu helfen. Einmal kaufte er der gesamten Crew eines Films Motorräder als Dankeschön. Solche Handlungen erzeugen in ihm eine innere Wärme und steigern seine Widerstandsfähigkeit, weil er weiss, dass er das Leben anderer verbessert. Morphiumähnliche Botenstoffe, die unter anderem auch das Schmerzerleben verringern, spielen beim »helper's high« eine Rolle.

Zusammenfassung

Alain Berset macht für seine Motivation und seine Ausdauer fünf Quellen aus.

1. *Voller Einsatz als Erfolgsfaktor:* Alain Berset ist der Überzeugung, dass man sich auf eine Sache zu hundert Prozent einlassen muss, um Erfolg zu haben.
2. *Gelassenheit:* Er betrachtet Anspannung, übertriebenen Leistungsdrang und die Vernachlässigung persönlicher Interessen als wesentliche Herausforderungen für leistungsorientierte Menschen. Abhilfe schafft dabei Gelassenheit, die aus dem Bewusstsein resultiert, sein Bestes zu geben, während der Rest den Umständen überlassen bleibt.
3. *Intrinsische Motivation:* Motivation und Zufriedenheit in sich selbst zu finden und nicht nur im äusseren Erfolg, ist ein wichtiger Resilienzfaktor. Alain Berset wird durch die Freude an seiner Einflussnahme motiviert, selbst wenn er Kritik einstecken muss.

4. *Lifestyle:* Alain Berset empfiehlt, auch in Stresszeiten auf den Energiehaushalt zu achten, die körperliche Energie möglichst wirksam einzusetzen und mit einer unverkürzten Schlafdauer und Rohkost die Energietanks zu füllen.
5. *Burn-out aktiv vorbeugen:* Laut Alain Berset ist es wichtig, sich früh im Leben Herausforderungen und Leistungsstress zu stellen, um individuelle Massnahmen gegen Burn-out – wie zum Beispiel ein verbessertes Zeitmanagement – frühzeitig zu erlernen und zu praktizieren.

7 Realistischer Optimismus

Optimismus ist eine positive und zukunftsorientierte Einstellung, die – indem sie Energie und Ausdauer liefert – die Resilienz stärkt. Ein eindrückliches Beispiel für die Rolle von Optimismus bei der Resilienz ist Nelson Mandela. Während seiner insgesamt siebenundzwanzig Jahre im Gefängnis blieb Mandela trotz den harten Bedingungen und der langen Trennung von seiner Familie und seinen politischen Aktivitäten bemerkenswert optimistisch. Sein Glaube an eine bessere Zukunft für Südafrika und seine Überzeugung, dass Gerechtigkeit und Gleichheit letztlich siegen würden, stärkten seine Resilienz.

Es ist wichtig, zwischen realistischem und blindem Optimismus zu unterscheiden. Realistischer Optimismus verbessert die Chancen, Lösungen zu erkennen und Probleme erfolgreich zu bewältigen, während blinder Optimismus das Wohlgefühl über den Realitätssinn stellt. Mandelas bemerkenswerte Wirkung in Bezug auf Gleichberechtigung und Demokratie zeigt, dass sein Optimismus realistisch war.

Im Gegensatz zu Optimisten neigen Pessimisten dazu, die Zukunft düster zu sehen, selbst wenn positive Ereignisse eintreten. Sie glauben, dass ihnen Schlimmes widerfahren wird, und zweifeln daran, dass sie die Fähigkeiten und die Ausdauer haben, ihre Ziele zu erreichen.

Optimismus als pragmatische Grundhaltung

Gregor Hasler   Herr Berset, ein einfacher Optimismustest ist das halb volle oder das halb leere Glas. Optimisten sehen das Wasser, das noch vorhanden ist, Pessimisten das Wasser, das schon konsumiert wurde. In der Tasse, die vor Ihnen steht, hat es noch einen kleinen Rest Kaffee.

Alain Berset   Ich sehe nicht die Leere, sondern den Kaffee. Tatsächlich bin ich eine optimistische Natur. Dazu gehört eine bewusste Naivität, etwa die Ansicht, dass Menschen grundsätzlich das Gute wollen und dass es prinzipiell möglich ist, dass eine Krise gut ausgeht. Ausserdem auch die Annahme, dass Menschen sich nicht ausschliesslich für sich einsetzen, sondern auch für das Gemeinwohl. Zu meinem Optimismus gehört auch die Gewissheit, dass Optimisten ein schöneres Leben haben als Pessimisten. Nur das Negative sehen ist belastend. Das ist auch historisch belegt: In den meisten Fällen war Optimismus in der Geschichte der Menschheit die richtige und realistische Haltung.

GH   Ihrer letzten Aussage stimme ich nicht zu. Kriminelle sind oft optimistisch gestimmt, und übertriebener Optimismus, insbesondere in Bezug auf die Bedeutung des eigenen Landes, der eigenen Kultur oder einer Ideologie, kann zu sinnlosen Kriegen und zerstörerischen Revolutionen führen. Wann wurde Ihr Optimismus am meisten herausgefordert?

AB   Zu Beginn der Pandemie, speziell von Anfang Februar 2020 bis Mitte 2021. In dieser Zeit hat sich unter den Optionen, die wir als Ausgangslage für den Umgang mit der Krise in Betracht zogen, oft die ungünstigste bewahrheitet. Für eine Weile schienen die Pessimisten tatsächlich recht zu bekommen. Doch dann wendete sich das Blatt. Zum Beispiel traf die Impfstofflieferung früher als erwartet ein, nämlich bereits im Dezember 2020, und wir hatten auf gute Produkte gesetzt. Und auch die Vorhersagen zur geringeren Gefährlichkeit der Omikron-Variante stellten sich als richtig heraus. Doch zu Beginn war ich durchaus überrascht, dass die Dinge schlechter liefen, als ich erwartet hatte.

GH Hat diese Erfahrung Ihren allgemeinen Optimismus infrage gestellt?

AB Nein, aber ich habe gemerkt, dass Optimismus eine echte Herausforderung darstellen kann. Pessimismus ist intellektuell oft der einfachere Weg, weil man nie enttäuscht wird. Doch Optimismus ist mehr als nur eine positive Einstellung; er ist eine pragmatische Haltung, die die aktive Bewältigung von Problemen fördert.

GH Optimismus ist oft mit einem weiten Horizont verbunden, während Pessimismus eher mit einem engeren Horizont einhergeht. Während der Pandemie hat sich Ihr Horizont jedoch stark verengt. Sie mussten sich auf die täglichen Probleme konzentrieren und hatten keine Zeit für grössere Perspektiven.

AB Aus meiner Erfahrung heraus kann ich sagen, dass unter enormen Belastungen, also zum Beispiel dann, wenn man nur noch in Stunden denken kann, der Optimismus wie auch der Pessimismus irrelevant werden. Für den puren Überlebenskampf ist beides nicht notwendig. Im Gegenteil! Für beide Stimmungen benötigt es einen weiteren Blick als nur zwölf Stunden in die Zukunft. Ich sage es noch deutlicher: Optimismus wie auch Pessimismus sind ein Luxus, den man sich nur in guten Zeiten leisten kann, denn beides setzt voraus, dass man Zeit hat, längerfristig zu denken, was mir in den intensivsten Phasen der Krise schlicht nicht möglich war.

Lösungsorientierung

GH Optimismus und Pessimismus sind ansteckend. Was sagen Sie zu der Aussage, dass Politiker die Bevölkerung mit solchen Stimmungen anstecken?

AB Nun, als Politiker kann ich nicht einfach blinden Optimismus verbreiten. Das steht im Widerspruch zum Gebot der Transparenz, das in der Politik von entscheidender Bedeutung ist. Vielmehr muss ich als Führungsperson einen klaren Weg aufzeigen und im Geiste eine Art Drehbuch entwickeln. Ich musste Perspektiven schaffen, die eine klare Vision davon vermittelten, wie sich die Dinge entwickeln könnten. Optimismus zeigt sich im Erzählen einer Geschichte, die auf ein positives Ende hinausläuft. Ein Spielfilm beginnt, dauert etwa zwei Stunden und endet dann. Beim Filmen muss man die Bewegung und Entwicklung über die gesamte Zeit antizipieren und gestalten. In der Politik ist diese Fähigkeit, wie beim Filmemachen, ein zentrales Element: Es geht darum, einen Weg zu beschreiben, es geht um Bewegung und Zeit.

GH Wie sieht die Zeit der Pandemie für Sie als Film aus?

AB Er beginnt mit einer schwierigen Lage, in der harte Massnahmen ergriffen werden müssen wie das Schliessen von Geschäften und Schulen. Dabei wird die Entwicklung sorgfältig beobachtet, und nach drei Wochen wird Bilanz gezogen. Anschliessend werden die Massnahmen bewertet und je nach Situation angepasst oder aufgehoben. Es ist ein transparenter

Film, der nichts beschönigt, aber dennoch optimistisch bleibt. Man könnte sich auch einen pessimistischen Film vorstellen, in dem alles im Chaos endet. Aber mit der Gewissheit, dass alles einen Anfang und ein Ende hat, konnten wir das verhindern.

GH Entspricht der Optimismus des Films Ihrem persönlichen Optimismus?

AB Nein, das sind zwei verschiedene Paar Schuhe. Mein persönlicher Optimismus hat mir dabei geholfen, die Krise gut zu überstehen. Wenn ich nur Angst gehabt hätte, sowohl um mich selbst als auch um meine Familie, hätte ich nicht so effektiv arbeiten können.

GH In der Medizin existiert ein interessantes Paradoxon. Die Japaner sind im Durchschnitt viel pessimistischer in Bezug auf ihre Gesundheit als die Amerikaner, dennoch leben sie im Durchschnitt etwa acht Jahre länger. Es scheint, als könnte Pessimismus der Gesundheit förderlich sein. Ich frage mich, ob sich dieser Befund aus der Medizin auf die Politik übertragen lässt.

AB Wäre ich meiner Gesundheit gegenüber sehr pessimistisch eingestellt, hätte ich diesen Job nicht ausgeübt. Überhaupt, wenn mein Ziel gewesen wäre, möglichst gesund zu leben, hätte ich mich für einen anderen Beruf entschieden.

GH Ihre Liebe zur Bewegung und Veränderung scheint mir eng mit Ihrem Optimismus verknüpft zu sein. Dabei sind Veränderungen allgemein ein Stressfaktor – Sie drehen es gerade um.

AB Ich bin auch jetzt sehr neugierig, wie es mit mir weitergeht. Optimistisch neugierig.

GH In den meisten Ratgebern über Resilienz findet man Tipps, wie man seinen Optimismus stärken kann. Ein Beispiel ist das Aufschreiben von drei positiven Ereignissen des Tages in einem Notizbuch. Haben Sie jemals eine solche Methode angewendet?

AB Nein, bei mir ist Optimismus bereits natürlich vorhanden.

Zukunftsaussichten

GH Wie steht es um Ihren Optimismus, was die Schweiz betrifft?

AB Wenn ich die Entwicklung in der Welt sehe, bin ich für die Schweiz nicht nur optimistisch. Aber – ich habe keine Angst, und dies, obwohl ich als Optimist zugeben muss, dass sich die Welt in den letzten zwanzig Jahren nicht zum Besseren entwickelt hat. Wenn diese Bewegung in die gleiche Richtung weitergeht, wäre das nicht gut.

GH Waren Sie vor zwanzig Jahren optimistischer?

AB Nach dem Fall der Berliner Mauer, am 9. November 1989, hoffte man, dass der Kalte Krieg in einer zweigeteilten Welt damit beendet sei. Es wurde angenommen, dass sich die Welt vereinen und in Richtung Demokratie, Rechtsstaatlichkeit und mehr Rechte für alle Menschen entwickeln würde. Leider ist diese Konvergenz nicht eingetreten. Im Gegenteil: Es folgten Finanzkrisen, Schuldenkrisen, eine Verstärkung des Populismus, Rückgang der Demokratien und mehr Autokratien, dann die Pandemie, der Krieg, in dem die Ukraine von einem ständigen Mitglied des UNO-Sicherheitsrats angegriffen wurde, und jetzt noch der Krieg im Nahen Osten. Was bedeutet das für die Menschen in diesen Ländern? Es gibt viele Tote und unendlich viel Leid. Was bedeutet das für unser Land, für unseren Kontinent, für die ganze Welt?

GH Beeinträchtigen diese Fragen Ihren Optimismus?

AB Tatsache ist: Vor zwanzig Jahren konnte ich mir das alles nicht vorstellen. Aber ich kann – ohne zu verleugnen, dass die aktuelle Situation nicht gut ist – trotzdem optimistisch sein. Und ich würde auch heute noch sagen, dass es richtig war, nach dem Mauerfall optimistisch zu sein, auch wenn es etwas naiv war.

GH Also ein realistischer Optimismus als Arbeitsmodell?

AB Niemand weiss, wie es weitergeht.

GH Derzeit bewerben Sie sich für den Spitzenposten im Europarat. Viele Menschen sind mit der Situation einer Bewerbung vertraut. Man schickt das Dossier ab und wartet gespannt darauf, ob man die Stelle bekommt.

AB Auch in dieser Angelegenheit bin ich optimistisch. Natürlich handelt es sich hier um eine völlig andere Wahl als in der Schweiz. Es sind sechsundvierzig Länder, die wählen, und die politische Kultur ist in fast keinem dieser Länder mit derjenigen der Schweiz vergleichbar. Die direkte Demokratie und die dezentrale Organisation sind vielen Mitgliedsstaaten nicht bekannt. Auch dadurch ist die Situation für mich undurchsichtig, nicht deutlich einschätzbar. Was mir hilft, ist mein optimistischer Fatalismus. Sollte ich nicht gewählt werden, gibt es immer andere interessante Dinge, die ich tun kann. Diese Einstellung empfehle ich jedem, der sich bewirbt. Es ist wichtig, dass das Gegenüber erkennt, dass man viele Möglichkeiten hat, den Job nicht um jeden Preis braucht.

GH   Dies passt gut zu der Erkenntnis, dass Kreativität den Optimismus fördert. Wenn einem die Ideen nicht so schnell ausgehen, kann man besser mit Stress umgehen.

Zusammenfassung

Für Alain Berset gibt es drei wesentliche Punkte, um auch in Krisenzeiten optimistisch zu bleiben.

1. *Optimismus als pragmatische Grundhaltung:* Optimismus bedeutet für Alain Berset mehr als nur die Annahme, dass die Welt ein guter Ort ist. Es ist für ihn eine pragmatische Haltung, die dazu anregt, Probleme aktiv anzugehen, selbst wenn die Aussichten nicht die besten sind.
2. *Naivität:* Alain Berset rät dazu, sich eine gewisse Naivität zu bewahren, im Sinne von Offenheit und einem Verzicht auf Zynismus. Dies kann zu einem freudigeren, optimistischeren und weniger belastenden Lebensgefühl führen.
3. *Lösungsorientierung:* Laut Alain Berset sollte man nicht einfach blinden Optimismus verbreiten oder eine rosarote Sicht auf die Welt fördern. Stattdessen geht es darum, sachlich und realistisch Lösungswege und Möglichkeiten aufzuzeigen, was indirekt zu einer positiveren Stimmung beitragen kann.

Teamwork

Gregor Hasler Herr Berset, wir sind am Schluss unseres Gesprächs.

Alain Berset Ja, so ist es. Ich muss Ihnen sagen, unser Dialog war für mich eine sehr interessante Auseinandersetzung, und ich bin sehr dankbar für die Gelegenheit, all diese Punkte vertiefen zu können. Ich habe auch viel dabei gelernt. Natürlich haben wir jetzt viel über mich gesprochen, aber ich vergesse nie, dass die Unterstützung durch mein Team entscheidend war, diese Krise zu überstehen. Ich werde dafür immer tief dankbar sein. Es war Teamwork, von Anfang bis Ende.

GH Ja, nicht nur Sie, auch alle Mitglieder Ihres Teams haben mich beeindruckt.

AB Es war uns sehr früh klar – bereits im Jahr 2020 –, dass wir einen Raum für Reflexion brauchen, um diese Belastung als Team aushalten zu können. Am Anfang haben wir uns spontan Zeit für Reflexion genommen, und einige Monate später haben wir im Team gemerkt, dass uns eine professionelle Begleitung helfen würde.

GH Es hat mich geehrt, dass ich dies übernehmen durfte. Es war eine herausfordernde, aber auch sehr lehrreiche Aufgabe.

AB Die externe Begleitung war nicht meine Idee, sie kam aus dem Team. Doch ich verstehe es als Zeichen der Erfahrung, wenn man ein Coaching beansprucht, wenn Bedarf dafür besteht. Ich glaube, es versteht jede und jeder, dass es eine ausserordentliche Situation war, die ausserordentlicher Massnahmen bedurfte.

GH Was bleibt am Ende der bewältigten Krise?

AB Wie gesagt, Teamwork, Teamwork, Teamwork, auch im Gesamtbundesrat, trotz gelegentlich schwierigeren Debatten. Wir haben die Krise gemeinsam bewältigt, Bundesrat, Kantone, Bundesämter und alle anderen Beteiligten. Ich denke da vor allem an die Bevölkerung, welche die Krise solidarisch überstanden hat.

Was ist der Berset-Code?
Konklusion

Was macht Alain Bersets Resilienz aus? Woraus besteht der Berset-Code? Zentrale Elemente scheinen mir die extreme Leistungsbereitschaft, die Freude an der Verantwortung und die Entscheidungsfreude zu sein. All diese Fähigkeiten führen dazu, dass Alain Berset selbst unter grossem Stress die Kontrolle immer bei sich – und nicht in äusseren Faktoren wie Zufall, Glück, Schicksal oder dem Verhalten anderer Menschen – erlebt. In der Resilienzforschung spricht man vom internalen »locus of control« (internale Kontrollüberzeugungen).

Internaler »locus of control« Studien belegen, dass Menschen wie Alain Berset mit einem internalen oder inneren »locus of control« überzeugt sind, dass sie mit Handlungen, Entscheidungen und Anstrengungen Entwicklungen beeinflussen können. Die Personen neigen dazu, Verantwortung für ihre Erfolge und Misserfolge zu übernehmen, und sind motiviert, Probleme aktiv anzupacken, weil sie glauben, dass sie ihre Umstände durch harte Arbeit und Einsatz ändern können.

Ein zweites wichtiges Element des Berset-Codes ist die Reflexionsfähigkeit, die dazu beiträgt, aus persönlichen und beruflichen Erfahrungen zu lernen, zu Fehlern zu stehen und diese zu korrigieren. Alain Bersets Bereitschaft, mit mir einen Dialog über Resilienz zu führen, zeugt von dieser Fähigkeit. Das dritte Element des Codes ist die Intuition, die sich aus Alain Bersets mentaler Offenheit, seinem Wissensdurst und seinem Sinn für die zeitliche Dynamik von Chancen und Belastungen nährt.

Jenseits des Berset-Codes
Nachwort

Jede Resilienzstrategie hat ihre Grenzen und eignet sich für bestimmte Situationen besser als für andere. Der internale »locus of control« ist besonders effektiv in Situationen, in denen es möglich ist, Probleme aktiv und eigenständig zu lösen. Ein Nachteil dieser Strategie ist jedoch, dass die Versuchung besteht, die gesamte Verantwortung an sich zu reissen und zu polarisieren, was es schwierig machen kann, Solidarität zu fördern, Aufgaben zu delegieren oder anderen in einer Krise zu vertrauen. Dies kann zu Konflikten und ineffektiver Zusammenarbeit führen. Zudem stossen internale Kontrollüberzeugungen an ihre Grenzen, wenn die realen Kontrollmöglichkeiten gering sind, wie bei schweren Schicksalsschlägen, Krankheit oder Tod, bei denen Machtlosigkeit ertragen werden muss.

In meinem Buch »Higher Self«* habe ich eine Reihe von Resilienzfaktoren beschrieben, die sich besonders gut für Situationen mit begrenzter Kontrolle oder Machtlosigkeit eignen, wie es viele meiner Patientinnen und Patienten in ihrem Leben erfahren. Im Folgenden gebe ich ein paar Beispiele dazu.

1. *Achtsamkeit:* Als Beispiel für Achtsamkeit als Resilienzfaktor kann ich die Entwicklung eines Patienten von mir nennen, der seine Frau aus Angst, sie zu verlieren, in ihrer Freiheit einengte und überwachte und damit seine Beziehung gefährdete. Durch Achtsamkeitsübungen lernte er, seine Ängste und Sor-

---

* Gregor Hasler, »Higher Self – Psychedelika in der Psychotherapie«, Klett-Cotta, Stuttgart 2022.

gen zu erkennen. Gesteigerte Selbstwahrnehmung und emotionale Kontrolle halfen ihm, ein liebvollerer Partner zu werden und die Beziehung zu retten.
2. *Akzeptanz:* Ein Beispiel für die Verbindung von Akzeptanz und Resilienz ist die Geschichte von Viktor Frankl, einem österreichischen Psychiater und Holocaust-Überlebenden. Frankl verbrachte mehrere Jahre in Konzentrationslagern, darunter Auschwitz, und entwickelte trotz den extremen Umständen eine bemerkenswerte innere Stärke und Widerstandsfähigkeit. Frankl betonte die Bedeutung der Akzeptanz als Schlüssel zur Resilienz. Er erkannte, dass man zwar nicht immer die äusseren Umstände kontrollieren, aber wählen kann, wie man darauf reagiert. Durch die Akzeptanz der unveränderlichen Realität seiner Situation und die Hinnahme seiner Machtlosigkeit fand Frankl einen inneren Frieden und eine Quelle der Stärke.
3. *Dankbarkeit:* Ein Beispiel für Widerstandskraft durch Dankbarkeit ist die amerikanische TV-Produzentin und Autorin Oprah Winfrey. Trotz einer schwierigen Kindheit, geprägt von Armut, sexuellem Missbrauch und Diskriminierung, entwickelte Oprah eine bemerkenswerte Resilienz, die sie mit ihrer Dankbarkeitspraxis in Verbindung bringt. Sie führt ein Dankbarkeitstagebuch, in dem sie täglich Dinge aufschreibt, für die sie dankbar ist. Diese Praxis hilft ihr, sich auf die positiven Aspekte ihres Lebens zu konzentrieren, selbst in Zeiten grosser Herausforderungen und Rückschläge.
4. *Selbsttranszendenz:* Die Fähigkeit, über das eigene Selbst hinauszuwachsen und sich mit einem grösseren Ganzen zu verbinden, kann tiefere innere Stärke und Resilienz selbst in einer Situation der Ohnmacht verleihen. Dies kann durch die Beschäftigung mit Spiritualität und Philosophie und ent-

sprechenden Praktiken unterstützt werden. Für diese Art der Resilienz ist Mahatma Gandhi ein Beispiel. Der indische Freiheitskämpfer wurde wegen seines politischen Engagements mehrmals inhaftiert. Seine Fähigkeit, über sich selbst hinauszublicken und sich mit einem höheren Zweck zu identifizieren, machte ihn nicht nur zu einer resilienten Führungspersönlichkeit, sondern auch zu einer inspirierenden Figur weltweit.

Der Berset-Code, der stark auf einem internalen »locus of control« basiert, kann durch die Integration von Resilienzfaktoren wie Achtsamkeit, Akzeptanz, Dankbarkeit und Selbsttranszendenz erweitert und ausgebaut werden. Sie helfen, die Herausforderungen des Lebens zu meistern, selbst wenn der Handlungsspielraum stark eingeschränkt ist.

Verdankung

Ich danke Daniel Fahrni, Stephan Käppeli, Victor Schmid und David Simeon für ihre wichtigen Hinweise, Ergänzungen und Fragezeichen zu Inhalten dieses Buches. Gabriella Baumann-von Arx vom Wörterseh-Verlag danke ich für ihre Begeisterung, Geduld und Kompetenz. Andrea Leuthold und Brigitte Matern für das sorgfältige Lektorat und Korrektorat sowie der Buchgestalterin Beate Simson für ihre Akribie beim Aufbereiten der Timeline.

Anhang

Die »Timeline Coronavirus« wurde gestalterisch leicht verändert und am Ende um ein Abkürzungsverzeichnis erweitert. Das Original* kann auf der Website des Eidgenössischen Departements des Inneren eingesehen werden.

---

* https://www.edi.admin.ch/edi/de/home/dokumentation/timeline-coronavirus.html; Stand des Abdrucks Oktober 2024

TIMELINE – Coronavirus EDI 2020–2022

In diesem Dokument sind die wichtigsten Aktivitäten des EDI und des Departementsvorstehers während zweier Jahre Pandemie zusammengefasst: Bundesratssitzungen, Zusammenarbeit mit den Kantonen und Sozialpartnern, internationale Treffen und Treffen mit verschiedenen, in die Krisenbewältigung involvierten Partnern.

Nicht aufgeführt sind interne Sitzungen mit dem BAG und den betroffenen Ämtern, Auftritte im Parlament im Zusammenhang mit dem Krisenmanagement und bei den Von-Wattenwyl-Gesprächen sowie bilaterale Kontakte/Treffen mit verschiedenen Akteuren.

2020

Mi 22. 1. — Treffen mit WHO-Direktor in Davos; erster öffentlicher Redebeitrag zum Thema

Mi 29. 1. — <u>1. Infonotiz an BR</u>

Mo 24. 2. — Point de presse BRAB

Di 25. 2. — Treffen mit den Gesundheitsministern von Frankreich, Italien, Österreich, Deutschland, Kroatien, Slowenien und Vertretern von San Marino in Rom

Mittwoch, 26. 2. 2020 — **Bundesratssitzung**
- Hauptthema: Kulturbotschaft
- Corona-Situation

Freitag, 28. 2. 2020 — **Ausserordentliche Bundesratssitzung**
Verbot Grossveranstaltungen (> 1000), bis 15. 3. 2020
- Der BR tritt in die besondere Lage
  ▸ 7 positive Fälle (7× nach Rückkehr aus Italien)   0 Todesfälle

Mi 4. 3. — Treffen mit der GDK

Bundesratssitzung — Freitag, 6.3.2020 (Session)

Übergang von der Eindämmung zur Entschärfung

- Prioritäten: Schutz der besonders gefährdeten Personen; Überlegungen zur Milderung der wirtschaftlichen Auswirkungen des Verbots von Grossveranstaltungen; 800 Soldaten bei Bedarf bereit; logistische Unterstützung TI
- Unterstützung WHO
▸ 100 Personen infiziert   2 Todesfälle

Bundesratssitzung — Freitag, 13.3.2020

Veranstaltungsverbot (max. 100 Pers.), einschliesslich Bergbahnen

- Restaurants: max. 50 Pers., einschliesslich Personal, Kantone für Umsetzung zuständig
- Schulschliessungen; Betreuungslösungen zugelassen
- Einreisebeschränkung
- Unterstützungsmassnahmen für Unternehmen
- Genaue Informationen über Bettenkapazitäten, Beatmungsgeräte usw. von den Kantonen verlangt
▸ 100 Fälle   7 Todesfälle

Ausserordentliche Bundesratssitzung mit externen Gästen (Bernerhof) — Sonntag, 15.3.2020

Bundesratssitzung — Montag, 16.3.2020

- Der BR ordnet die ausserordentliche Lage an
- Schliessung von Restaurants, Freizeiteinrichtungen und Nicht-Lebensmittelgeschäften
- Verbot nicht dringend angezeigter Eingriffe in den Spitälern
- Hamsterkäufe vermeiden
- Appell an ältere Menschen und an Eigenverantwortung
- Freigabe von 10 Milliarden zur Unterstützung der Unternehmen
▸ +200 Infizierte (Verdoppelung innert 3 Tagen)   14 Todesfälle

Mo 16. 3. • Am Abend: Treffen mit den Regierungsräten der Westschweizer Kantone

Mittwoch, 18. 3. 2020 ○ **Bundesratssitzung**
- Modell der EO zur Unterstützung der Selbstständigerwerbenden mit Konsultation FinDel
- Besuchsverbot in Alters- und Pflegeheimen und Spitälern

Mi 18. 3. • Am Abend: Treffen mit Wissenschaftlern/Epidemiologen
Do 19. 3. • Besuch Kanton TI

Freitag, 20. 3. 2020 ○ **Bundesratssitzung**
- Verbot von Versammlungen mit mehr als 5 Personen + Bussen
- Baustellen: Arbeit geht weiter, aber unter Einhaltung der BAG-Regeln, sonst Schliessung + SUVA-Kontrollen
- Zivilschutz-Kontingente
- Initiativen zum Erwerb von Tests und Material
- 40 Milliarden zur Unterstützung der Wirtschaft

So 22. 3. • Treffen mit den Sozialpartnern
Di 24. 3. • Besuch Kanton GE

Mittwoch, 25. 3. 2020 ○ **Bundesratssitzung**
- Testkapazität
- Wirtschaft funktioniert zu 70 %
▸ 9756 Fälle   103 Todesfälle

Do 26. 3. • Treffen mit den Präsidenten der beiden Kammern
• Treffen mit den Parteipräsidenten
   – beide Male mit BRAB, BPSS, BRGP und BKWT –

Freitag, 27. 3. 2020 ○ **Bundesratssitzung**
Verordnungsänderung, um den Kantonen zu ermöglichen, gewisse wirtschaftliche Aktivitäten einzuschränken; strenge Kriterien

- Besonderheiten/Kontext: Berücksichtigung der Bedürfnisse des Tessiner Arbeitsmarktes (Art. 7)
- Zwischenbilanz: Massnahmen werden gut eingehalten, Abstand halten (Ostern)
- Informationen (Rahmenelemente) auf der *Contact tracing-App*
- Information zu Umzügen
- ▶ 12 161 Fälle   197 Todesfälle

Besuch Kanton LU *Di 31. 3.*
Bund setzt STF ein

Bundesratssitzung **Mittwoch, 1. 4. 2020**
- ▶ 17 139 Fälle   + 963 neue Fälle   378 Todesfälle

Bundesratssitzung **Freitag, 3. 4. 2020**
- Versorgung, Lagerbewirtschaftung, Reaktivität
- Verlängerung der Einschränkungen im Tessin
- Saatgut: Take-away-Lösung
- Häusliche Gewalt
- ▶ 19 303 Fälle   484 Todesfälle

Besuch Kanton VS *Mo 6. 4.*

Bundesratssitzung **Mittwoch, 8. 4. 2020**
- Massnahmen 1 Woche verlängert
- Schrittweiser Übergang ab 26. 4., gemäss Kriterien (Zeitpunkt + Reihenfolge) und Koordination (international, Kantone, Wirtschaft, Wissenschaft, Ressourcen)
- Lösungen vorgestellt für Do 16. 4.
- ▶ 22 789 Fälle   705 Todesfälle

Besuch Kanton BE *Di 14. 4.*
Treffen Bund/Kantone (KdK, GDK, EDK, VDK, KöV, FDK, SECO, BAG, SBFI) *Mi 15. 4.*

Donnerstag, 16.4.2020 — **Bundesratssitzung**
- Präsentation des Ausstiegsplans in 3 Phasen (27.4., 11.5., 8.6.)
- Lösung Selbstständigerwerbende
- Lösung besonders gefährdete Personen
▶ 26 732 Fälle   +315 neue Fälle   1017 Todesfälle

So 19.4. — *Virtuelle Konferenz Gesundheitsminister WHO Genf*
Mo 20.4. — *Besuch Kanton GR*

Mittwoch, 22.4.2020 — **Bundesratssitzung**
- Maskenstrategie
- Anpassung Handelsregelungen (Begrenzung der Wettbewerbsverzerrung)
- Anpassung EO (Verlängerung 16.5. zur Erleichterung des Übergangs)
▶ 28 186 Fälle   +205 neue Fälle   1216 Todesfälle

So 26.4. — *1. Tourismusgipfel mit BPSS*
Treffen Sozialpartner

Mittwoch, 29.4.2020 — **Bundesratssitzung**
- Öffnungen ab 11.5.: Restaurants, Schulen, Geschäfte und Märkte, Museen/Bibliotheken/Archive
- Grossveranstaltungen verboten bis 31.8. (>1000)
- Eindämmungsstrategie (App + Contact Tracing)
- Weitere Schritte: Diskussion BR–Kirchen am 27.5.; am 26.6. für Sommer gemäss Monitoring
▶ 29 324 Fälle   +143 neue Fälle   1408 Todesfälle

Do 30.4. — *Besuch Kanton ZH*

Freitag, 1.5.2020 — **Bundesratssitzung**
- Motionen Sondersession zur Pandemie
▶ 29 705 Fälle   +119 neue Fälle   1435 Todesfälle

Sondersession Corona BEA expo — Mo 4. und Di 5. 5.

Treffen Grossisten — Do 7. 5.

Bundesratssitzung — **Freitag, 8. 5. 2020**
- Entscheid Parlament zu App, Kitas
- Empfehlung Alters- und Pflegeheime
- Angepasste Verordnung Verpflegung
- Infonotiz zur epidemiologischen Lage
- ▸ 30 124 Fälle   + 81 neue Fälle   1526 Todesfälle

Besuch Kanton FR — Di 12. 5.

Bundesratssitzung — **Mittwoch, 13. 5. 2020**
- Gesetzliche Grundlage App (Testphase)
- Verlängerung der Unterstützung Kultur (Änderung)
- Kitas (Änderung)
- Diskussion zu Sport
- ▸ 30 330 Fälle   + 33 neue Fälle   1564 Todesfälle

Treffen Vertreter Religionen — Di 19. 5.

Bundesratssitzung — **Mittwoch, 20. 5. 2020**
- Vorgezogene Öffnung Kirchen per 28. 5.
- App: Überweisung Botschaft ans Parlament (Behandlung Juni-Session)
- Spitäler: Aufhebung Bestimmung Arbeitsgesetz (Arbeits- und Ruhezeit)
- Verabschiedung Covid-19-Verordnung familienergänzende Kinderbetreuung
- Impfstrategie
- ▸ 30 658 Fälle   + 40 neue Fälle   1630 Todesfälle

2. Tourismusgipfel — So 24. 5.

2. Treffen Sozialpartner

Mittwoch, 27.5.2020 — **Bundesratssitzung**
- Öffnungspaket für 6.6. (Tourismus)
- Ankündigung des Endes der ausserordentlichen Lage auf 19.6.
- Versammlungen von 5 bis 30 Personen für 30.5.
- Unterricht Sekundarstufe II / Hochschulen
- Homeoffice-Empfehlung bleibt
- Bewilligung von Veranstaltungen mit 300 Personen mit Contact Tracing (einschl. Theater und Kino)
- Diskussion zu Veranstaltungen zwischen 300 und 1000 Personen im BR für Ende Juni
- Tracing-Regelung Restaurant (Gruppen > 4)
▶ 29 705 Fälle   +15 neue Fälle   1649 Todesfälle

Freitag, 5.6.2020 — **Bundesratssitzung**
- Infonotiz zum Contact Tracing in den Kantonen
- Infonotiz zu den Grenzen
▶ 30 936 Fälle   +23 neue Fälle   1660 Todesfälle

Freitag, 12.6.2020 — **Bundesratssitzung**
- Änderung Verordnung VEP per 15.6.
- Infonotiz Kultur
▶ 31 063 Fälle   +19 neue Fälle   1677 Todesfälle

Freitag, 19.6.2020 — **Bundesratssitzung**
- 4. Lockerungsphase per 22.6.
- Distanz von 2 m auf 1,5 m verkürzt
- Bewilligung von Veranstaltungen bis 1000; Tracing max. 300, sonst Sektoren
- Politische Veranstaltungen: ohne Begrenzung, Maske obligatorisch
- Vereinfachung der Verordnung; nur noch ein Schutzkonzept (ein Modell für alle: Schulen, Sport, Kultur, Gastronomie usw.)

- Ende der Sperrstunde Mitternacht + Sitzpflicht
- Hygiene; Abstand, Trennung, Masken, wenn möglich: Tracing
- Schutz besonders gefährdeter Personen aufgehoben
- Ende ausserordentliche Lage, zurück zur besonderen Lage (Art. 6 EpG)
- Auflösung KSBC per Ende Juni
▸ 31 217 Fälle   +17 neue Fälle   1680 Todesfälle

Sitzung Bund/Kantone — Mo 22. 6.

Bundesratssitzung — Mittwoch, 24. 6. 2020
- Lösung für die Übernahme der Testkosten (Bund übernimmt die Gesamtkosten)
▸ 31 376 Fälle   +44 neue Fälle   1682 Todesfälle

Treffen mit Gesundheitsministern F und D (Olivier Véran, dann Jens Spahn) in Genf — Do 25. 6.

Lancierung der Koordinationsgruppe Bund/Kantone mit Point de presse — Mo 29. 6.

Bundesratssitzung — Mittwoch, 1. 7. 2020
- Masken obligatorisch im ÖV ab 6. 7.
- Quarantäne für Reiserückkehrer aus Risikogebieten ab 6. 7.
- Lösung EO Selbstständigerwerbende (Verlängerung bis 16. 9.)
- Gesetzliche Grundlage für SwissCovid App
▸ 31 851 Fälle   +137 neue Fälle   1685 Todesfälle

Fünfertreffen der Gesundheitsminister D/A/CH/Lux/Li (virtuell) — Di 7. 7.

Einladung offizielle Nationalfeier in Paris + Mittagessen mit O. Véran (sowie Minister D/A/Lux + Dir. WHO Dr. Tedros) — Di 14. 7.

Mittwoch, 12.8.2020	**Bundesratssitzung**

- Verlängerung des Grossveranstaltungsverbots > 1000 um 1 Monat
- Bewilligung ab 1.10. unter strengen Auflagen
- Kantone können Veranstaltungen verbieten, wenn die gesundheitliche Lage ungünstig ist (Tracing-Kapazitäten)
- Vereinheitlichung der Regeln (Fussball, Hockey)
- Verbesserung der Datenbewirtschaftung, Teststrategie
- Maskenpflicht Flugpassagiere
- Diplomaten von Quarantäne ausgenommen
- ▶ 37 936 Fälle   +274 neue Fälle   1714 Todesfälle

Fr 14.8. • *Treffen mit Sportverbänden*
Di 18.8. • *Vereinbarung mit ZH (Flughafen)*
• *Treffen BPSS, BRAB, BRGP und Kantone*

Mittwoch 19.8.2020 Bundesratssitzung

- Massnahmenpaket 2 zur Kostendämpfung Gesundheit
- ▶ 38 760 Fälle   +311 neue Fälle   1719 Todesfälle

Do 20.8. • *Koordinationsgruppe Bund/Kantone*
Mo 31.8. • *3. Tourismusgipfel*

Mittwoch, 2.9.2020 Bundesratssitzung

- Kriterien Veranstaltungen >1000 ab 1.10.: je nach epid. Lage in den Kantonen; Testkapazitäten müssen sichergestellt sein; von den Kantonen genehmigtes Schutzkonzept
- Sitzpflicht (Ausnahmen möglich für Veranstaltungen im Freien: Sportwettkämpfe, Dorffeste)
- Schutzkonzept: mit Bewegungssteuerung, Maskenpflicht, Contact Tracing
- Kriterien für die Fussball-/Hockeyligen (²/₃ der Plätze, Alkohol zugelassen)

- Bewilligung von Fall zu Fall; Überprüfung durch die Organisatoren + Sanktionen möglich
- Annullierung möglich ohne Entschädigung (aber Unterstützung des Bundes via EO)

▸ 42 763 Fälle   +370 neue Fälle (16 538 Tests)   1727 Todesfälle

Koordinationsgruppe Bund/Kantone — *Mo 7. 9.*
Treffen mit Gesundheitsbehörden VD (R. Ruiz, K. Boubaker) — *Do 10. 9.*

Bundesratssitzung — **Freitag, 11. 9. 2020**
- Regelung Grenzgebiete
- Ausnahmen: Arbeit und Kultur (5 Tage), Profisportler und Kongresse, alle mit Schutzkonzept
- Verlängerung der Gültigkeitsdauer der Corona-Entschädigung / Erwerbsausfall

▸ 46 239 Fälle   +528 neue Fälle (16 287 Tests)   1740 Todesfälle

Bundesratssitzung — **Freitag, 18. 9. 2020**
- Infonotiz zur epidemiologischen Lage

▸ 49 283 Fälle   +488 neue Fälle (13 993 Tests)   1765 Todesfälle

Treffen mit STF, Science Task Force — *Di 22. 9.*

Bundesratssitzung — **Freitag, 25. 9. 2020**
- Factsheet Impfungen

▸ 51 864 Fälle   +372 neue Fälle (12 346 Tests)   1778 Todesfälle

Besuch Kanton ZG — *Di 6. 10.*

Bundesratssitzung — **Mittwoch, 7. 10. 2020**
- Infonotiz zur Corona-Lage

▸ 57 709 Fälle   +1077 neue Fälle (15 122 Tests)
  1789 Todesfälle   +10 Hosp.

Besuch Kanton SG — *Mo 12. 10.*

Mittwoch, 14.10.2020 — **Bundesratssitzung**
- Empfang 8–9 Uhr: Anne Lévy und Stefan Kuster
- Infonotiz zur Corona-Lage
  ▸ 68 704 Fälle   +2823 neue Fälle (20 704 Tests; pos. 13,6 %)
    1816 Todesfälle   +57 Hosp.

Mi 14.10. — Treffen mit Bergkantonen, Tourismus- und Bergbahn-Branche
Do 15.10. — Treffen Bund/Kantone, mit KdK, VDK, GDK, mit BPSS und BRGP
Fr 16.10. — Teilnahme Plenarsitzung GDK (virtuell)

Sonntag, 18.10.2020 — **Sondersitzung Bundesrat**
- Maskenpflicht in allen öffentlich zugänglichen Innenräumen
- Homeoffice-Empfehlung
- Versammlungsbeschränkung (private Anlässe mit Maske ab 15, Sitzpflicht für alle, Test; ab 100 mit Schutzkonzept; sitzend konsumieren in Bars/Clubs; öffentliche spontane Versammlungen ab 15 Personen verboten)
- Ankündigung 2. Welle
  ▸ 81 562 Fälle   +3392 neue Fälle (21 480 Tests; pos. 15,7 %)
    1834 Todesfälle   +66 Hosp.

Mittwoch, 21.10.2020 — **Bundesratssitzung**
- Empfang 8–9 Uhr STF (Ackermann, Hurst, Battegay)
- Allgemeine Infonotiz
  ▸ 91 763 Fälle   +5615 neue Fälle (28 328 Tests; pos. 19,7 %)
    1856 Todesfälle   +115 Hosp.

Do 22.10. — Koordinationsgruppe BR/Kantone
Mo 26.10. — Besuch Kanton VD

Mittwoch, 28.10.2020 — **Bundesratssitzung**
- Schliessung Clubs; Restaurants offen 6–23 Uhr, max. 4 Pers. (Ausn. Familien); private Veranstaltungen max. 10; Veranstaltungen max. 50 (Ausn.: Parlamente und politische Rechte); Regle-

mentierung Sport (ok. bis max. 15 Pers. Innenräume); Schulen: Online-Unterricht Hochschulen obligatorisch ab 2.11.; Maskenpflicht im Freien an stark frequentierten Orten; Maskenpflicht an Arbeitsplätzen in geschlossenen Innenräumen
- Neue Quarantäneregelung «Reisen» (Länder mit Inzidenz 60/100 000 höher als Schweiz; 5-Tage-Regelung für Business aufgehoben)
- Schnelltest-Strategie (einschl. Finanzierung)
- Auftrag: Positionspapier mit EJPD zur ausserordentlichen Lage für den 4.11.
- Auftrag EDI für zusätzliches Massnahmenpaket
- Keine zeitliche Befristung, laufende Evaluation BR
- BAG-Kampagne rot
▸ 135 658 Fälle   + 8616 neue Fälle (30 772 Tests; pos. 13,6 %)
  1954 Todesfälle   + 149 Hosp.

Teilnahme an der CLASS (Conférence latine des affaires sanitaires et sociales) • *So 1. 11.*

Bundesratssitzung   ○ **Mittwoch, 4. 11. 2020**
- Neue EO-Massnahmen
- Subsidiärer Einsatz der Armee
- Härtefall-Unterstützung
- Botschaft an die Kantone: Verzicht auf elektive Eingriffe Spitäler
▸ 192 376 Fälle   + 10 073 neue Fälle (36 369 Tests; pos. 13,6 %)
  2275 Todesfälle   + 247 Hosp.

Sitzung mit STF • *Mi 4. 11.*
Besuch Kanton JU • *Mo 9. 11.*
Sitzung mit Ausschuss der GDK •
Sitzung mit STF • *Di 10. 11.*

Mittwoch, 11.11.2020   **Bundesratssitzung**
- Empfang 8–9 Uhr Vertreter der Kantone (Rathgeb, Engelberger, Brutschin)
- Infonotiz
- 100 Millionen zusätzlich für Impfstoffe
▸ 243 472 Fälle   + 8270 neue Fälle (32 558 Tests; pos. 25,4 %)
   2769 Todesfälle   + 304 Hosp.

Mo 16.11.   *Treffen mit Vertretern der Kultur*
Di 17.11.   *Sitzung mit STF*

Mittwoch, 18.11.2020   **Bundesratssitzung**
- Infonotiz zu Corona
- Codes Corona-App
- Härtefälle (1 Milliarde)
- Einsatz von Armee und Zivilschutz
▸ 280 648 Fälle   + 6114 neue Fälle (30 229 Tests; pos. 20,2 %)
   3385 Todesfälle   + 267 Hosp.

Do 19.11.   *Besuch Kanton TI*
Fr 20.11.   *Informelles virtuelles Treffen mit den europäischen Gesundheitsministern*
Mo 23.11.   *Treffen mit den Westschweizer Regierungsräten (Gesundheit, Wirtschaft, Delegierte KdK)*
            Nationaler Kulturdialog

Mittwoch, 25.11.2020   **Bundesratssitzung**
- Herausforderungen kommende Wochen: Detailhandel Weihnachtszeit, private Treffen und Feiern, Wintersport, Zugang zu Pflegeleistungen
▸ 309 469 Fälle   + 4876 neue Fälle (30 391 Tests; pos. 16 %)
   4030 Todesfälle   + 261 Hosp.

Do 26.11.   *Koordinationsgruppe Bund/Kantone*

Sitzung mit Bergkantonen und Bergbahnen ● Fr 27. 11.
Besuch Kanton BL ● Do 3. 12.

Bundesratssitzung ○ **Freitag, 4. 12. 2020**
- Appell an die Kantone mit schlechten Zahlen, Sofortmassnahmen zu ergreifen
- Regelung Ski (keine Kapazitätsbegrenzung Skigebiete, Kapazitätsbegrenzung Bergbahnen auf ⅔; Genehmigung durch Kantone am 22. 12.; erweiterte Schutzkonzepte; Bewilligungsverfahren nach epidemiologischer Lage)
- Massnahmenpaket Vorweihnachtszeit (10–14 m² Geschäfte; verstärkte Homeoffice-Empfehlung; Datenerhebung Restaurants; Sonderfahrplan Neujahr)
▸ 344 497 Fälle   + 4382 neue Fälle (27 432 Tests; pos. 15,9 %)
   4848 Todesfälle   + 183 Hosp.

Virtuelle Informationssitzungen mit TG, SG, BL, SO, TI, AG + ZH ● Sa 5. 12.
Sitzung mit STF ● So 6. 12.

Ausserordentliche Bundesratssitzung mit Point de presse ○ **Dienstag, 8. 12. 2020**
BRAB, BPSS
- Offene Konsultation mit den Kantonen, vor Sitzung vom Freitag, Strategie mit 3 Schwerpunkten
   1) Schliessung Restaurants/Läden/Sport- und Freizeiteinrichtungen ab 19 Uhr sowie sonntags; Kultur gestoppt; Treffen von höchstens 5 Personen aus 2 Haushalten (Ausnahmen 24.–26. 12.); Verbot von öffentlichen Veranstaltungen; von 12. 12. 2020 bis 21. 1. 2021
   2) Eskalationsmechanismus ab 18. 12. mit möglicher Schliessung von Läden und Restaurants
   3) zusätzliche Entschädigungsmassnahmen
▸ 280 648 Fälle   + 4262 neue Fälle (30 229 Tests; pos. 20,2 %)
   5116 Todesfälle   + 186 Hosp.

Do 10.12. — *Teilnahme am nationalen Aktionstag für die psychische Gesundheit*

Freitag, 11.12.2020 — **Bundesratssitzung**
- Schliessung Restaurants/Läden/Sport- und Freizeiteinrichtungen von 19 bis 6 Uhr + sonntags
- Ausnahme Restaurant und Bars sonntags
- Veranstaltungen verboten (Ausnahme Kirchen, politische Veranstaltungen, Legislativen)
- Private Treffen von höchstens 10 Personen (inkl. Kinder); Sport mit höchstens 5 Personen
- Genehmigungsmechanismus für Kantone mit R-Wert unter 1
- 1,5 Mia. zusätzlich für Härtefälle
- ▸ 373 831 Fälle   +5136 neue Fälle (33 924 Tests; pos. 15 %)
  5396 Todesfälle   +157 Hosp.

Mo 14.12. — *Koordinationsgruppe Bund/Kantone*
Di 15.12. — *Sitzung mit STF*
— *Informelles Treffen mit europäischen Gesundheitsminister/innen (Impfung)*
Mi 16.12. — *Besuch Kanton NE*

Freitag, 18.12.2020 — **Bundesratssitzung**
- Schliessung Restaurants, Take-away gestattet
- Schliessung Sport- und Freizeiteinrichtungen (Sport im Freien mit höchstens 5 Personen; für Kinder unter 16 Jahren ok.)
- Schliessung Kultur (Museen, Galerien, Kinos, Bibliotheken, Zoos, Spielcasinos usw.)
- Kapazitätsbeschränkungen in Geschäften
- Empfehlung «Bleiben Sie zuhause»
- Ausnahmen für Kantone mit R-Wert unter 1

- Kantone bleiben zuständig für Skigebiete; Spitalkapazitäten sichergestellt
- Inkrafttreten am 22.12.
- Änderung Regelung Schnelltests, ok. auch ohne Symptome
▸ 403 989 Fälle + 4478 neue Fälle (41 012 Tests; pos. 10,9 %)
  6006 Todesfälle + 182 Hosp.

Zulassungen Swissmedic Impfstoff Pfizer + idem BAG — *Sa 19.12.*

Bundesratssitzung auf Zirkularweg — **Montag, 21.12.2020**
- Verbot Flüge GB und ZAF (Inkrafttreten 20.12. Mitternacht)
- Ausnahme für Rückführungen, Bedingungen festzulegen (Ansteckungsrisiken vermeiden)
- Quarantäne britische Staatsbürger/innen rückwirkend 14.12.
- Unterbruch VEP Einreise britische Staatsbürger/innen bis 1.1.2021

Telefonkonferenz mit Bergkantonen — *Mo 21.12.*
Besuch Kanton BS — *Mo 28.12.*

Austausch Bundesrat auf Zirkularweg — **Mittwoch, 30.12.2020**

2021

Ausserordentliche Bundesratssitzung — **Mittwoch, 6.1.2021**
- Schliessung Restaurants + Freizeit und Kultur bis Ende Januar in Konsultation, formeller Entscheid am 13.1.
- Konsultation über neue Massnahmen: Homeoffice obligatorisch, wo möglich; Schliessung Läden; Regeln für Treffen mit höchstens 10 Personen (private Kontakte, 2 Haushalte; Treffen an öffentlichen Orten); Schutz besonders gefährdeter Personen
- Ende der Ausnahmeregelung für Kantone mit weniger problematischer Lage (9.1.)
▸ 470 789 Fälle + 4808 neue Fälle (31 563 Tests; pos. 15,2 %)
  7434 Todesfälle + 228 Hosp.

So 10.1.	*Sitzung mit STF*
Mo 11.1.	*Besuch Lonza in Visp*
	Treffen mit Regierung VS
Di 12.1.	*Sitzung mit STF*

Mittwoch, 13.1.2021 — **Bundesratssitzung**

- Schliessung nicht essentieller Läden/Märkte (Abholung Click & Collect möglich; Streichung Ausnahme 19 Uhr und sonntags)
- Homeoffice überall obligatorisch, wo möglich
- Schutz besonders gefährdeter Personen am Arbeitsplatz
- Maskenpflicht, wenn mehr als 1 Person im Büro oder Fahrzeug
- Regel 5/5 (Treffen privat und im öffentlichen Raum)
- Verlängerung Schliessung Restaurants + Freizeit + Kultur bis Ende Februar (6.1.)
- Medienkonferenz in Anwesenheit von Hans Stocker (ZH, FDK) und Christoph Brutschin (BS, VDK)

▸ 490 358 Fälle   + 3001 neue Fälle (29 100 Tests; pos. 10,3 %)
 7851 Todesfälle   + 150 Hosp.

Sa 16.1.	*Sitzung mit Ausschuss GDK*

Mittwoch, 20.1.2021 — **Bundesratssitzung**

- Infonotiz (Schulen)

▸ 504 918 Fälle   + 2727 neue Fälle (32 646 Tests; pos. 8,3 %)
 + 70 Todesfälle (8236)[*]   + 137 Hosp.

Do 21.1.	*Koordinationsgruppe Bund/Kantone*
Fr 22.1.	*Besuch Kanton GE*

[*] Ab diesem Zeitpunkt wird die Gesamtzahl der Verstorbenen (in Klammern) um tagesaktuelle Zahlen ergänzt, um den Verlauf der Pandemiewellen detaillierter abzubilden.

Sitzung mit Taskforce Kultur — *Mo 25. 1.*
Treffen mit Sozialpartnern
Sitzung mit STF

Bundesratssitzung — Mittwoch, 27. 1. 2021

- Quarantäne auf 7 Tage + Test verkürzt
- Finanzierung Massentests (Schulen, Heime usw.), Anreiz verstärken
- Reisen: bei Ankunft in der Schweiz negativer PCR-Test 72 Std. (Flugzeug, Bahn, Schiff, Auto) für Länder mit hoher Inzidenz oder besorgniserregenden Varianten; für andere Länder: systematische Kontrolle nur bei Flügen, sonst Stichproben
- Regelung Ordnungsbussen präzisiert
- Finanzierung Apotheken mit Impfangebot
- Verlängerung KA (Kurzarbeitsentschädigung)
- 2,5 Mia. zusätzlich für Härtefälle
- ▸ 517 705 Fälle   +2222 neue Fälle (27 622 Tests; pos. 8 %)
  +58 Todesfälle (8545)   +86 Hosp.

Besuch Kanton TG — *Di 2. 2.*

Bundesratssitzung — Mittwoch, 3. 2. 2021

- Grosse Lockerungen Ende Februar nicht realistisch
- Zusätzliche Vertrag Moderna (2. Hälfte 2021)
- Impfung für Diplomat/innen und Grenzgänger/innen mit Tätigkeit im Gesundheitsbereich übernommen
- ▸ 528 524 Fälle   +1796 neue Fälle (30 910 Tests; pos. 5,8 %)
  +42 Todesfälle (8813)   +75 Hosp.

Sitzung mit der CLASS — *Do 4. 2.*
4. Tourismusgipfel — *Fr 5. 2.*
Sitzung mit STF — *Di 16. 2.*

Mittwoch, 17. 2. 2021 — **Bundesratssitzung**
- Ausstiegsplan mit ersten Lockerungen am 1.3. in Konsultation
- Aktivitäten mit/ohne Maske, innen/aussen, Abstand oder nicht, Personenbeschränkung oder nicht, gesellschaftliche Auswirkung
- Einheitliche Regelung; Monatsrhythmus; schrittweiser Prozess
- Massnahmen ab 1.3.: Öffnung Läden, Museen, Zoos, Bibliotheken usw.; 15 Personen im Freien; Sport im Freien mit Einschränkungen (max. 5 Pers. ohne Kontakt); kulturelle und sportliche Aktivitäten bis 18 Jahre gestattet
- Nächster Schritt 1.4., gemäss Kriterien (Positivitätsrate unter 5 %; Belastung IPS von 25 %; R unter 1 während 7 Tagen, Inzidenz 14 Tage nicht höher als am 1.3.)
- Mögliche Massnahmen 1.4.: Restaurants Aussenbereiche; private Treffen in Innenräumen bis 10 Personen; Kultur- und Sportveranstaltungen mit Einschränkung
- ▸ 545 535 Fälle   +1253 neue Fälle (33 441 Tests; pos. 3,7 %)
  +22 Todesfälle (9128)   +67 Hosp.

Do 18. 2. — Koordinationsgruppe Bund/Kantone

Mittwoch, 24. 2. 2021 — **Bundesratssitzung**
- Bestätigung Ausstiegsplan
- Änderungen: Kultur- und Sportaktivitäten Jugendliche bis 20 Jahre
- Treffen sowie Kultur- und Sportveranstaltungen im Freien bis 15 Personen
- Gestraffter Zeitplan für die 2. Phase: neue Analyse am 12.3. und Konsultation Kantone; Entscheid 19.3. für Inkrafttreten am 22.3.
- Bedingung: Positivitätsrate unter 5 %; höchstens 250 IPS-Betten von Covid-Patienten belegt; R unter 1 während 7 Tagen; Inzidenz 14 Tage nicht höher als am 1.3.
- ▸ 552 698 Fälle   +1343 neue Fälle (28 775 Tests; pos. 4,6 %)
  +16 Todesfälle (9256)   +46 Hosp.

Besuch Kanton AG — Do 25. 2.
Besuch Kanton ZH — Di 2. 3.
Koordinationsgruppe Bund/Kantone — Do 4. 3.

Bundesratssitzung — Freitag, 5. 3. 2021

- Teststrategie: Vernehmlassung eröffnet
- Der Bund übernimmt sämtliche Kosten, inkl. Asymptomatische, inkl. Grenzgänger/innen; Kosten 1 Mia.; ab 15. 3. in Apotheken
- Empfehlung Massentests, Poolanalyse
- 5 Selbsttests gratis pro Monat und Person, sobald zugelassen
- Ende der Quarantänen für Unternehmen, die testen
- ▸ 562 290 Fälle   + 1222 neue Fälle (31 761 Tests; pos. 3,8 %)
  + 12 Todesfälle (9331)   + 64 Hosp.

Grosse Debatte zum Covid-Gesetz im NR (BRAB mit BRUM) — Mo 8. 3.
Sitzung mit Swissmedic — Do 11. 3.

Bundesratssitzung — Freitag, 12. 3. 2021

- Teststrategie, Entscheid
- Instabile Lage; Konsultation 2. Öffnungspaket (Veranstaltungen bis 50 Pers. in Innenräumen, 150 draussen, mit Schutzkonzept und ⅓ Auslastung; andere Veranstaltungen max. 15 Pers.; private Treffen von 5 auf 10 Pers.; Restaurants Aussenbereich; Sport und Kultur bis 15 Pers.; Präsenzunterricht bis 15 Pers.; Hochschulen mit ⅓ Auslastung; Ende Maskenpflicht in Alters- und Pflegeeinrichtungen für Geimpfte
- Verknüpfung SwissCovid App mit Deutschland
- ▸ 570 645 Fälle   + 1333 neue Fälle (33 336 Tests; pos. 3,9 %)
  + 11 Todesfälle (9413)   + 70 Hosp.

Freitag, 19.3.2021 — **Bundesratssitzung**
- Öffnungsplan um einen Monat verschoben, da 3 von 4 Kriterien nicht erfüllt
- Ausnahme: von 5 auf 10 Personen bei privaten Treffen ab 22.3.
- Neubeurteilung am 14.4.
▸ 580 609 Fälle + 1748 neue Fälle (43 455 Tests; pos. 4 %)
 + 17 Todesfälle (9509) + 67 Hosp.

Do 25.3. — Impfgipfel mit GDK, Moderna und Pfizer
Fr 26.3. — Föderalistischer Dialog

Mittwoch, 31.3.2021 — **Bundesratssitzung**
- Kulturverordnung: Öffnung für Freischaffende, Erhöhung Einkommensgrenze, nur verfügbares Vermögen berücksichtigt, Franchise von 1000 Fr. für Nothilfen, Vorschuss möglich, wenn Gesuch nicht innerhalb 30 Tagen behandelt wird
▸ 601 124 Fälle + 2411 neue Fälle (44 176 Tests; pos. 5,4 %)
 + 14 Todesfälle (9676) + 79 Hosp.

Mo 12.4. — Lancierung Kampagne Covid-Gesetz 13.6.

Mittwoch, 14.4.2021 — **Bundesratssitzung**
- Konkretisierung Öffnungspaket II (Vernehmlassung 12.3. verschoben auf 19.3.)
- Öffnung Restaurants Aussenbereich (max. 4 Pers. pro Tisch, Maske, CT, 1,5 m, finanzielle Unterstützung bei Verzicht auf Öffnung beibehalten
- Sport- und Kulturveranstaltungen: 100 / 50 Pers., max. ⅓ Auslastung, Sitzpflicht
- Sport- und Kulturaktivitäten max. 15 Pers. in Innenräumen (Ausnahme Fitness und Chöre 25 m^2)
- Sportwettbewerbe wieder erlaubt, max. 15 Pers., kein Kontaktsport

- Unterricht Hochschulen max. 50 Pers. und ⅓ Auslastung
- Alters- und Pflegeeinrichtungen; Aktivitäten ohne Maske für immunisierte Bewohner/innen
- Quarantäne entfällt für Unternehmen, die mind. 1×/Woche testen
- Inkrafttreten am 19. 4.
- 100 Mio. Fr. für Antikörperbehandlungen
- Auftrag EDI/EFD/WBF zu Unterstützungsmöglichkeiten für die Produktion von Arzneimitteln/Impfstoffen in der Schweiz
▸ 627 968 Fälle   + 2601 neue Fälle (36 963 Tests; pos. 7 %)
   + 14 Todesfälle (9844)   + 89 Hosp.

Koordinationsgruppe Bund/Kantone — Do 15. 4.
Treffen mit Vertretungen KdK, Sozialpartner und VDK — Mo 19. 4.
Sitzung mit STF — Di 20. 4.

Bundesratssitzung — Mittwoch, 21. 4. 2021
- Vernehmlassung zum 3-Phasen-Modell: Schutz, Stabilisierung, Normalisierung
- Covid-Zertifikat sobald 40–50 % der Bevölkerung geimpft sind
▸ 642 131 Fälle   + 2686 neue Fälle (29 879 Tests; pos. 11 %)
   + 8 Todesfälle (9906)   + 127 Hosp.

Treffen mit Vertretern der Jungparteien — Do 22. 4.
Sitzung mit der Taskforce Kultur — Mo 26. 4.
Besuch Kanton FR — Di 27. 4.

Bundesratssitzung mit Point de presse BRAB, BPGP — Mittwoch, 28. 4. 2021
- Konsultation zum Schutzschirm Kultur (Grossveranstaltungen)
- Pilotprojekte im Juni (Konzerte); ab 3000 Pers. im Juli, 10 000 im September; strenge Schutzkonzepte, Covid-Zertifikat
▸ 656 077 Fälle   + 2120 neue Fälle (29 890 Tests; pos. 7,1 %)
   + 19 Todesfälle (10 001)   + 105 Hosp.

Mo 3.5.	*Sitzung mit STF*
	Koordinationsgruppe Bund/Kantone

Mittwoch, 12.5.2021 — **Bundesratssitzung**
- Verabschiedung 3 Phasen
- Konsultation Öffnungspaket: Publikumsveranstaltungen mit 50 bis 100 Pers. in Innenräumen / 100 bis 300 im Freien; Restaurants mit strengem Schutzkonzept; Breitensport bis 50 Pers. mit Wettkämpfen / max. 15 Pers. ohne Maske im Freien; Homeoffice-Pflicht entfällt bei regelmässigen Tests; Öffnung Wellness; Ende der Quarantäne nach Reiserückkehr für Geimpfte
- Planung Impfung für 2022 + Verfolgen Nutzung der AZ-Dosen (Covax)
▸ 677 210 Fälle   + 1539 neue Fälle (37 175 Tests; pos. 4,1 %)
   + 4 Todesfälle (10 137)   + 50 Hosp.

Mo 17.5. — *Besuch Kanton SH*

Mittwoch, 19.5.2021 — **Bundesratssitzung**
- Covid-Zertifikat: Anwendungsprinzip in 3 Farben (Grün für Alltag, Grundrechte und öffentliche Dienste; Orange für Restaurants/Bars/Freizeit/Kultur bei Verschlechterung, um Schliessungen zu vermeiden + freiwillig möglich; Rot für Reisen/Clubs/Grossveranstaltungen)
- Papier zu Perspektiven der Industriepolitik, RNA-Hub
- Planung Impfstoffbeschaffung bis 2023; 1,2 Mia. Fr. für 2021–2022 (davon Zusatzkredit von 600 Mio. Fr. im Parlament), Strategie Impfstoff- und Arzneimittelproduktion (Förderprogramm, 50 Mio. Fr.)
▸ 684 954 Fälle   + 1554 neue Fälle (29 850 Tests; pos. 5,2 %)
   + 3 Todesfälle (10 200)   + 35 Hosp.

So 23.5. — *Sitzung mit STF*

Eröffnung Weltgesundheitsversammlung WHO, Genf — Mo 24. 5.
Treffen mit Dir. WHO Dr. Tedros (Unterzeichnung MoU BioHub)

Bundesratssitzung — Mittwoch, 26. 5. 2021
- Beginn Stabilisierungsphase
- Private Treffen 10 bis 30 drinnen und 15 bis 50 draussen; Restaurants innen (mit Maske, Aussenbereich ohne); vereinfachte Regeln Sport und Kultur (Zuschauer: 50 bis 100 innen, 100 bis 300 draussen, ½ Kapazitäten, Masken, Distanz); Sportwettkämpfe wieder möglich; Präsenzunterricht Hochschulen; keine Begrenzung mehr öffentliche Räume; Homeoffice mit Tests; Ende Reisequarantäne für Geimpfte und Genesene
- Grossveranstaltungen (Testphase > 600/1000 für Juni; 3000/5000 ab Juli + 3G; 10 000 ab September + 3G), mit Schutzschirm
- ▸ 691 119 Fälle   + 996 neue Fälle (22 483 Tests; pos. 4,4 %)
  + 2 Todesfälle (10 241)   + 45 Hosp.

Besuch Kanton UR — Do 27. 5.
Internationale Telefonkonferenz zu Gesundheitszertifikat — Di 1. 6.
Sitzung mit STF — Mi 2. 6.

Bundesratssitzung — Freitag, 4. 6. 2021
- ▸ 696 801 Fälle   + 588 neue Fälle (31 380 Tests; pos. 1,8 %)
  + 1 Todesfall (10 269)   + 20 Hosp.

Koordinationsgruppe Bund/Kantone — Mo 7. 6.
Besuch Kanton SO — Di 8. 6.

Bundesratssitzung — Freitag, 11. 6. 2021
- Konsultation nächstes Öffnungspaket, Entscheid 23. 6., Inkrafttreten 28. 6.
- Aufhebung Maskenpflicht draussen (Bushaltestellen, Schiffbrücken, Schulen usw.)

- Restaurants, innen: von 4 auf 6 Personen, sitzend, Maske beim Aufstehen, draussen: keine Begrenzung pro Tisch, keine Sitzpflicht, keine Maske, CT obligatorisch drinnen/draussen
- Kapazitätserhöhung Geschäfte, Aquaparks, keine Begrenzung im Amateur-Teamsportbereich mehr, Masken und Distanz; Clubs 3G und CT; vereinfachte Regeln Grossveranstaltungen
- Reisen: Aufhebung Quarantäne Schengen; keine Testpflicht für Geimpfte, Genesene; CT Ankunft Flugzeug; keine Beschränkung für Drittländer, sofern geimpft; Konzentration auf Länder mit besorgniserregender Variante VOC
▸ 700 051 Fälle   + 354 neue Fälle (25 603 Tests; pos. 1,3 %)
+ 3 Todesfälle (10 304)   + 26 Hosp.

Sonntag, 13. 6. 2021

Eidg. Volksabstimmung
- Covid-Gesetz: 60,2 % Ja (1 936 344 Ja-Stimmen; Ablehnung: UR, GL, TG, SZ, OW, NW, AI, AR); Stimmbeteiligung 59,6 %

Freitag, 18. 6. 2021

Bundesratssitzung
- Infonotiz
▸ 701 627 Fälle   + 173 neue Fälle (26 560 Tests; pos. 0,6 %)
+ 2 Todesfälle (10 324)   + 25 Hosp.

Mo 21. 6. *Treffen mit Jens Spahn in Berlin*
Di 22. 6. *2. Treffen mit Jungparteien*

Mittwoch, 23. 6. 2021

Bundesratssitzung
- 5. Öffnungspaket, breiter als das in Konsultation geschickte: praktisch keine Regeln mehr für Aussenbereiche; drinnen bleibt Maskenpflicht in öffentlichen Räumen
- Restaurants, innen: Abstand Tische; Sitzpflicht, Maske beim Aufstehen; keine Gruppenbeschränkung, CT
- Grossveranstaltungen (und Clubs): keine Begrenzung, wenn Covid-Zertifikat (einschl. Zuschauer), kantonale Bewilligung und Kontrollplan Zertifikate

- Ohne Zertifikat (Theater, Kino, Hochzeiten usw.): wenn sitzend max. 1000; wenn stehend 500 draussen und 250 drinnen; 2/3 Kapazitäten, Masken und Abstände in Innenräumen
- Märkte ok.; Sport: CT nur drinnen
- Arbeit: Arbeitgeber entscheiden über Masken, nicht mehr Pflicht; Homeoffice-Pflicht aufgehoben; ebenso Online-Unterricht, ohne Kapazitätsbeschränkungen
- Impfschutz: von 6 auf 12 Monate verlängert (Gültigkeit Zertifikat)
- Reisen: Aufhebung Quarantänepflicht; keine Tests mehr für Geimpfte und Genesene; CT Ankunft mit Flugzeug; keine Begrenzung für Drittländer, wenn geimpft; Konzentration auf VOC-Länder
▸ 702 278 Fälle   + 154 neue Fälle (18 635 Tests; pos. 0,8 %) + 2 Todesfälle (10 331)   + 16 Hosp.

Koordinationsgruppe Bund/Kantone • *Do 24. 6.*
Treffen mit den Partei- und Fraktionspräsidenten mit BRAB, BPGP, BRUM und BKWT • *Fr 25. 6.*
Sitzung mit STF • *Di 29. 6.*

Bundesratssitzung   ○ **Mittwoch, 30. 6. 2021**

- Szenarien Herbst/Winter, Koordination mit Kantonen (Spitalkapazitäten, CT, Impfkampagne + Booster, Tests), besondere Lage, Crowd-Notifier, Anti-Covid-Medikamente
- Covax: 4 Mio. Dosen AZ von 5. 4.; 1,4 Mio. behalten für internen Gebrauch
▸ 703 004 Fälle   + 129 neue Fälle (17 561 Tests; pos. 0,73 %) + 1 Todesfall (10 350)   + 6 Hosp.

Bundesratssitzung   ○ **Mittwoch, 11. 8. 2021**

- Situation gut, aber negative Dynamik Hauptkriterium werden Hospitalisierungen
- Ende Antigentests «auf Wunsch» (mit Ausnahmen): Konsultation, Entscheid 25. 8.

- Erneuter Aufruf zum Impfen, auch für Kantone
- Neue Beurteilung Lage durch BR am 1.9.
▶ 731 148 Fälle   +2124 neue Fälle (19 393 Tests; pos. 10,9 %)
  +2 Todesfälle (10 415)   +53 Hosp.

Do 12.8. — *Treffen BRAB und BPGP mit KdK, VDK, GDK, EDK*

Mittwoch, 18.8.202 — **Bundesratssitzung**
- Infonotiz
- Lösung Auslandschweizer (Konsultation)
▶ 744 106 Fälle   +3152 neue Fälle (20 111 Tests; pos. 15,6 %)
  +2 Todesfälle (10 430)   +66 Hosp.

Di 24.8. — *Sitzung mit STF*

Mittwoch, 25.8.2021 — **Bundesratssitzung**
- Konsultation die Ausdehnung des Covid-Zertifikats, «präventive» Konsultation
- Innenräume Gastronomie, Sport, Kultur, Freizeit
- Wunschtests ab 1.10. zahlungspflichtig (ab 16 Jahren)
- Lösung Impfung Auslandschweizer und Grenzgänger
- Bestellung Pfizer für 2022 und 2023 (7 Mio. Dosen pro Jahr)
▶ 765 190 Fälle   +3212 neue Fälle (26 604 Tests; pos. 12,1 %)
  +7 Todesfälle (10 468)   +135 Hosp.

Do 26.8. — *Koordinationsgruppe Bund/Kantone*

Mittwoch, 1.9.2021 — **Bundesratssitzung**
- Infonotiz, mit Resultat Konsultation zu Erweiterung Zertifikatspflicht
▶ 782 689 Fälle   +3203 neue Fälle (33 010 Tests; pos. 9,7 %)
  +3 Todesfälle (10 504)   +90 Hosp.

So 5.9. — *G20 Gesundheit in Rom mit bilateralen Treffen*
Di 7.9. — *Sitzung mit STF*

Bundesratssitzung   Mittwoch, 8. 9. 2021

- Entscheid Zertifikat Innenräume (Ausnahme: Kantinen, Terrassen, Kirchen und politische Versammlungen bis 50 Personen) + Hochschulen + Sanktionen
- Arbeitsplatz: Recht der Arbeitgeber, Impfstatus zu kennen, Gebrauch begrenzt
- Konsultation Grenzkontrollen, Testpflicht (2×)
- Anerkennung Impfstoffliste EMA
▸ 802 048 Fälle   +3551 neue Fälle (34 896 Tests; pos. 10,1 %)
  +8 Todesfälle (10 558)   +57 Hosp.

Bundesratssitzung   Freitag, 17. 9. 2021

- Einreisebestimmungen, mit Einführung von Testpflicht für Ungeimpfte + Wiederholung nach 4–7 Tagen und PLF für alle; Ausnahme Grenzregionen
- Übergangslösung (3 Wochen Frist für Kantone) um Zertifikate für Personen aus Drittstaaten auszustellen, geimpft mit Produkten der EMA-Liste
- Infonotiz über die Rechnungsstellung von Wunschtests
▸ 823 078 Fälle   +2096 neue Fälle (44 811 Tests; pos. 4,7 %)
  +8 Todesfälle (10 619)   +57 Hosp.

Bundesratssitzung   Freitag, 24. 9. 2021

- Konsultation zahlungspflichtige Tests: 10 Tage Frist + Lösung für 1× Geimpfte
- Konsultation zentrale Plattform für Ausstellung ausländischer Zertifikate
- Leichter zugängliche Pooltests
▸ 562 290 Fälle   +1504 neue Fälle (39 198 Tests; pos. 3,8 %)
  +15 Todesfälle (10 665)   +66 Hosp.

Medienkonferenz Covid-19-Gesetz 2   Mo 27. 9.

Mi 29. 9. — *Grosse Pandemiedebatte im NR*
Do 30. 9. — *Sitzung mit STF*

Freitag, 1. 10. 2021

Bundesratssitzung
- Konsultation Impfoffensive
- Entscheid zahlungspflichtige Tests: 10 Tage Frist + Lösung für 1× Geimpfte Ende November; repetitive (Pooling-)Tests jetzt mit Zertifikat
- Entscheid zentralisierte Plattform für Ausstellung ausländischer Zertifikate
- Kostenübernahme für Ausstellung der Zertifikate für repetitive Tests
▶ 841 573 Fälle +1210 neue Fälle (44 056 Tests; pos. 2,7 %)
  +4 Todesfälle (10 713) +34 Hosp.

Mittwoch, 13. 10. 2021

Bundesratssitzung (Luzern)
- Ankündigung Impfoffensive: 3 Säulen (Impfwoche, mobile Impfzentren, Beratung/Information); 96,2 Mio.
- Impfwoche 8.–14. 11.
- Infonotiz 3. Dose (Booster)
▶ 852 658 Fälle +1048 neue Fälle (25 088 Tests; pos. 4,1 %)
  +11 Todesfälle (10 773) +38 Hosp.

Mittwoch, 20. 10. 2021

Bundesratssitzung
- Start Konsultation: erleichterter Zugang zum Zertifikat für Genesene ohne PCR-Zertifikat, über Serologie; Verlängerung der Gültigkeitsdauer des Zertifikats für Genesene von 180 auf 365 Tage; Gültigkeit nur in CH
- Erleichterung Zertifikat für Touristen
- Noch keine Aufhebung der Zertifikatspflicht, Lage zu instabil (Kälte, Ferienende, Delta), Neubeurteilung am 17. 11.
▶ 859 646 Fälle +1448 neue Fälle (24 955 Tests; pos. 5,8 %)
  +5 Todesfälle (10 802) +36 Hosp.

Koordinationsgruppe Bund/Kantone — Do 21. 10.
Sitzung mit STF — Di 26. 10.

Bundesratssitzung — Mittwoch, 27. 10. 2021
- Infonotiz zur epidemiologischen Lage
▸ 869 044 Fälle   +1846 neue Fälle (28 210 Tests; pos. 6,5 %)
  +4 Todesfälle (10 840)   +50 Hosp.

Teilnahme am G20 Gesundheit (virtuell) — Fr 29. 10.

Bundesratssitzung — Mittwoch, 3. 11. 2021
- MM Start Impfwoche mit BPGP, L. Engelberger, N. Rickli
- Entscheid «Schweizer Zertifikat»: erleichterter Zugang zum Zertifikat für Genesene ohne PCR-Attest, via Serologie; Verlängerung der Gültigkeitsdauer Zertifikat für Genesene von 180 auf 365 Tage; Gültigkeit nur in der CH; Erleichterung Zertifikat für Touristen
- Kostenübernahme Booster durch den Bund + Finanzierung der Tests für 1× Geimpfte, während 6 Wochen nach der 1. Dosis
- Zertifikat für Personen, die sich weder testen noch impfen lassen können
▸ 881 660 Fälle   +2609 neue Fälle (27 311 Tests; pos. 9,5 %)
  +5 Todesfälle (10 888)   +58 Hosp.

Treffen mit GDK-Ausschuss — Mo 8. 11.
Sitzung mit STF — Di 9. 11.

Bundesratssitzung — Mittwoch, 10. 11. 2021
- Infonotiz für Von-Wattenwyl-Gespräche (epidemiologische Lage)
▸ 901 228 Fälle   +4150 neue Fälle (38 785 Tests; pos. 10,7 %)
  +14 Todesfälle (10 925)   +56 Hosp.

Bundesratssitzung — Mittwoch, 17. 11. 2021
- Infonotiz zur epidemiologischen Lage
▸ 929 031 Fälle   +5984 neue Fälle (44 822 Tests; pos. 13,3 %)
  +10 Todesfälle (10 974)   +93 Hosp.

Do 18. 11. — *Koordinationsgruppe Bund/Kantone*
Di 23. 11. — *Sitzung mit STF*

Mittwoch, 24. 11. 2021 — **Bundesratssitzung**
- Epidemiologische Lage
- Brief an Kantone, Massnahmen in ihrem Zuständigkeitsbereich
▸ 970 753 Fälle +8588 neue Fälle (56 336 Tests; pos. 15,2 %)
  +17 Todesfälle (11 053) +107 Hosp.

Sonntag, 28. 11. 2021 — **Eidg. Abstimmung**
- Covid-19-Gesetz 2: 60,98 % Ja (2 161 080 gegen 1 382 977; Kantone, die Nein stimmen: SZ, AI); Stimmbeteiligung: 65,7 %
- Pflegeinitiative: 62,01 % Ja

Mo 29. 11. — *Rede zur Eröffnung der ausserordentlichen WHA (WHO, virtuell)*

Dienstag, 30. 11. 2021 — **Ausserordentliche Bundesratssitzung**
- Information BR über die neue Omikron-Variante
- Start Konsultation Paket Präventivmassnahmen
  1) Ausweitung Zertifikatspflicht (alle Veranstaltung drinnen; keine Ausnahmen mehr für Gruppen bis 30; private Treffen 10; von 1000 auf 300 draussen)
  2) 3G+, d. h. Masken drinnen überall; Konsumation sitzend Restaurants
  3) Erhebung persönliche Kontaktdaten
  4) 3 Varianten zu Homeoffice (Maskenpflicht für alle; nur für Ungeimpfte; allgemeine Maskenpflicht)
  5) Begrenzung Gültigkeit Tests (PCR 48 Std.; Antigen 24 Std.)
  6) Aufhebung Kapazitätsbeschränkungen
  7) Systematische Tests an Schulen
- Konsultation bis Mittwochabend 1. 12.; Entscheid Freitag 3. 12.
▸ 1 014 662 Fälle +8423 (52 873 Tests; pos. 15,9 %)
  +22 Todesfälle (11 149) +155 Hosp.

Bundesratssitzung *Freitag, 3. 12. 2021*
- Ergebnis Konsultation und Paket Präventivmassnahmen
- Ausdehnung Zertifikatspflicht (alle Veranstaltungen drinnen; keine Ausnahmen mehr für Gruppen unter 30; private Treffen 10, mit Zertifikat ab 11, Empfehlung; von 1000 auf 300 draussen)
- 3G+, d. h. Maskenpflicht drinnen überall; 2G freiwillig
- Variante Homeoffice: Maskenpflicht für alle, Homeoffice-Empfehlung
- Begrenzung Gültigkeitsdauer Tests (PCR 48 Std.; Antigen 24 Std.)
- Aufhebung der Kapazitätsbeschränkungen nicht möglich
- Systematische Tests an Schulen: BR verzichtet und bedauert
- Aufhebung der Reisequarantäne (Omikron) für Schengen-Staaten und Länder mit geringem Reiseverkehr (beibehalten für stark betroffene Länder), Einreisetests + 2. Test zwischen dem 4. und 7. Tag
▸ 1 044 633 Fälle   + 9958 neue Fälle (65 322 Tests; pos. 5,4 %)
  + 30 Todesfälle (11 219)   + 136 Hosp.

Sitzung mit STF   *Di 7. 12.*

Bundesratssitzung   *Freitag, 10. 12. 2021*
- Start Konsultation neue Massnahmen, 3 Varianten, aber 2 in Konsultation
- Variante 1: 2G überall mit Maske, 2G+ wo Maske nicht möglich
- Variante 2: 2G überall mit Maske und Schliessung, wo Maske nicht möglich
- Variante 3: Circuit Breaker (Schliessungen)
- Regelung Privatbereich (max. 5 wenn nicht geimpft); Homeoffice (Pflicht); Geschäfte und Skifahren (freiwillige Kapazitätsbegrenzung)
- Konsultation zu Lösung Gratistests
- Regelung Einreise in die Schweiz, nur noch 1 Test erforderlich
▸ 1 111 923 Fälle   + 10 134 neue Fälle (69 149 Tests; pos. 14,6 %)
  + 51 Todesfälle (11 404)   + 177 Hosp.

Di 14. 12. • *Besuch Kanton BE*
Mi 15. 12. • *Treffen mit STF*

Freitag, 17. 12. 2021 ○ **Bundesratssitzung**
- Neues Massnahmenpaket, Delta/Omikron
- Variante 1: 2G mit Maske überall drinnen, 2G+ wenn nicht möglich (Ausnahme: geimpft/genesen bis zu 4 Monate; geboostert; negativer Test)
- Homeoffice-Pflicht
- Private Treffen: max. 10 Personen bei Anwesenheit einer ungeimpften Person
- Maskentragpflicht auf Sekundarstufe II
- Starke Empfehlung an Kantone/Spitäler, auf nicht dringende Operationen zu verzichten
- Letzter Schritt vor neuen Schliessungen
- Gratistests: Nur Antigen-Schnelltests und gepoolte PCR
- Regelung Einreise Schweiz: 1 einziger Test für Genesene und Geimpfte
- Impfstoffversorgung für 2022 gesichert + Förderung Impfstoffforschung und -entwicklung
- Taskforce zu Erhöhung der Spitalkapazitäten
▸ 1 175 721 Fälle   +9943 neue Fälle (71 921 Tests; pos. 13,8 %)
  +45 Todesfälle (11 595)   +191 Hosp.

Fr 24. 12. • *Infonotiz an Bundesrat zur epidemiologischen Lage, 11 655 Fälle*
Mi 29. 12. • *Infonotiz an Bundesrat über die epidemiologische Lage, 17 636 Fälle*

Freitag, 31. 12. 2021 ○ **Ausserordentliche Bundesratssitzung (telefonisch)**
- Information über die epidemiologische Lage
- Keine neuen Massnahmen, da Situation in den Spitälern stabil
- Kommunikation über MM
▸ 1 332 615 Fälle   +18 987 neue Fälle (74 296 Tests; pos. 25,5 %)
  +24 Todesfälle (11 889)   +135 Hosp.

2022

Infonotiz an Bundesrat über die epidemiologische Lage, 20 752 Fälle — Di 4. 1.

Sitzung mit STF — Di 11. 1.

Bundesratssitzung — Mittwoch, 12. 1. 2022
- Keine neuen Massnahmen; Verlängerung der geltenden Massnahmen bis 31. 3.
- Verkürzung Quarantäne und Isolation auf 5 Tage (ab 13. 1.)
- Konsultation Kantone (Reduktion der Gültigkeit Zertifikat auf 270 Tage, Aufhebung Quarantäne, PCR-Tests bei Einreise, Präsenzunterricht Hochschulen, Kapazitätsbeschränkung Grossveranstaltungen, Bettenkapazitäten Spitäler, Teststrategie an Laborkapazitäten gebunden, Verzicht auf Antigen-Schnelltests)
▸ 1 604 371 Fälle + 32 890 neue Fälle (108 118 Tests; pos. 30,4 %) + 38 Todesfälle (12 085) + 265 Hosp.

Koordinationsgruppe Bund/Kantone — Fr 14. 1.

Bundesratssitzung — Mittwoch, 19. 1. 2022
- Ergebnis Konsultation: keine neuen Massnahmen; Verlängerung der geltenden Massnahmen bis 31. 3., Neubeurteilung 2. 2.
- Verlängerung Quarantäne und Homeoffice bis Ende Februar (ebenfalls Neubeurteilung 2. 2.)
- Anpassung Zertifikat an EU-Norm auf 270 Tage ab 31. 1.
- Ende Testpflicht bei der Einreise in die Schweiz ab 22. 1. für Geimpfte und Genesene
- Ende Erhebung persönlicher Daten, Anpassung Teststrategie Kantone; Priorisierung PCR-Test; provisorische Anerkennung Antigen-Test zur Positiv-Bestätigung
▸ 1 801 498 Fälle + 38 001 neue Fälle (103 913 Tests; pos. 36,6 %) + 25 Todesfälle (12 195) + 171 Hosp.

Fr 21. 1.	*Informelle Sitzung mit den Gesundheitsministern EU + EFTA (virtuell)*
Di 25. 1.	*Sitzung mit STF*

Mittwoch, 26. 1. 2022

Bundesratssitzung

- Infonotiz an BR zur epidemiologischen Lage
- ▸ 2 046 465 Fälle   + 43 203 neue Fälle (112 164 Tests; pos. 38,5 %)
- + 25 Todesfälle (12 298)   + 14 Hosp.

Fr 28. 1.	*Besuch Kanton AG*
Mo 31. 1.	*Sitzung mit STF*

Mittwoch, 2. 2. 2022

Bundesratssitzung

- Ende Quarantäne, Ende Homeoffice-Pflicht (Inkrafttreten 3. 2.)
- Konsultation, Öffnung, Aufhebung der Massnahmen, 16. 2., je nach epidemiologischer Entwicklung (Pic erreicht?)
- Hauptrichtung: Aufhebung in 1 Schritt am 16. 2.: Masken, Begrenzung private Treffen, Bewilligung Grossveranstaltungen; wenn Situation unsicher in 2 Schritten
- Weitere Fragen: Massnahmen Grenzen (Testpflicht für Ungeimpfte, nicht Genesene + PLF)
- Bestehen bleiben: Regeln zu Isolation und Schutzschirm (Grossveranstaltungen)
- ▸ 2 294 471 Fälle   + 41 183 neue Fälle (112 702 Tests; pos. 36,5 %)
- + 24 Todesfälle (12 404)   + 242 Hosp.

Do 10. 2.	*Informelles Treffen der Gesundheitsminister der EU (Grenoble)*
Mo 14. 2.	*Sitzungen mit STF*

Mittwoch, 16. 2. 2022

Bundesratssitzung

- Aufhebung aller Massnahmen (Masken in Innenräumen; Covid-Zertifikat; Bewilligung Grossveranstaltungen; private Treffen; grenzsanitarische Massnahmen; Kapazitäten in den Geschäften und an Skiliften)

- Ausnahmen: Masken im ÖV und in Gesundheitseinrichtungen + Beibehaltung der Isolation von 5 Tagen für erkrankte Personen
- Aufhebung der Homeoffice-Empfehlung
- Aufhebung der Verordnung Ende März 2022 (Ende besondere Lage)
- Anpassung bei der Testung + Anpassung der Finanzierung von ambulanten Behandlungen
- Beibehaltung EO in bestimmten Fällen
- Mandatsende der STF per 31. 3. 2022
▸ 2 628 093 Fälle   + 21 041 neue Fälle (75 061 Tests; pos. 28 %)
  + 10 Todesfälle (12 601)   + 126 Hosp.

Bundesratssitzung — **Mittwoch, 23. 2. 2022**
- Infonotiz Epidemiologische Lage
- Covax: Vorgehen 2022 (15 Millionen Dosen) und Erwerb von Arzneimitteln
▸ 2 730 037 Fälle   + 18 419 neue Fälle (53 815 Tests; pos. 34,2 %)
  + 15 Todesfälle (12 677)   + 188 Hosp.

Sitzung mit STF — *Mi 2. 3.*

Bundesratssitzung — **Freitag, 4. 3. 2022**
- Infonotiz Epidemiologische Lage
▸ 2 842 412 Fälle   + 23 692 neue Fälle (55 577 Tests; pos. 42,6 %)
  + 10 Todesfälle (12 754)   + 176 Hosp.

Koordinationsgruppe Kantone/Bund — *Mo 7. 3.*

Bundesratssitzung — **Freitag, 11. 3. 2022**
- Infonotiz Epidemiologische Lage
- Impfstoff-Beschaffungsplan für 2023; Unterstützung CEPI; Kredit für Arzneimittelbeschaffung
▸ 3 072 758 Fälle   + 32 090 neue Fälle (58 313 Tests; pos. 55 %)
  + 7 Todesfälle (12 842)   + 141 Hosp.

Freitag, 18.3.2022

Bundesratssitzung
- Infonotiz Epidemiologische Lage
  - 3 268 953 Fälle   +27 605 neue Fälle (63 682 Tests; pos. 43,3 %)
    +19 Todesfälle (12 927)   +158 Hosp.

Mittwoch, 30.3.2022

Bundesratssitzung
- Infonotiz Epidemiologische Lage
- Konsultation zur Strategie in den kommenden Monaten, mit den Kantonen (Übergang zur normalen Lange)
- SwissCovid App wird eingestellt
  - 3 484 758 Fälle   +16 413 neue Fälle (49 188 Tests; pos. 33,3 %)
    +8 Todesfälle (13 068)   +179 Hosp.

Abkürzungen

Österreich	A
Aargau	AG
Appenzell Innerrhoden	AI
Appenzell Ausserrhoden	AR
AstraZeneca	AZ
Bundesamt für Gesundheit	BAG
Kanton Bern	BE
Bundeskanzler Walter Turnherr	BKWT
Kanton Basel-Landschaft	BL
Bundespräsident Guy Parmelin	BPGP
Bundespräsidentin Simonetta Sommaruga	BPSS
Bundesrat	BR
Bundesrat Alain Berset	BRAB
Bundesrat Guy Parmelin	BRGP
Bundesrat Ueli Maurer	BRUM
Kanton Basel-Stadt	BS
Coalition for Epidemic Preparedness Innovations (Koalition für Innovationen in der Epidemievorbeugung)	CEPI
Schweiz	CH
Conférence latine des affaires sanitaires et sociales (BE, FR, GE, JU, NE, TI, VD, VS); Gesundheitskonferenz der Westschweizer Kantone	CLASS
Coronatest	CT
Deutschland	D
das heisst	d.h.
Direktor	Dir.
Eidgenössisches Departement des Innern	EDI
Erziehungsdirektorenkonferenz	EDK
Eidgenössisches Finanzdepartement	EFD
Europäische Freihandelsassoziation	EFTA
Eidgenössisches Justiz- und Polizeidepartement	EJPD
Europäische Arzneimittel-Agentur	EMA
Erwerbsersatzordnung	EO
Epidemiengesetz	EpG

EU	Europäische Union
F	Frankreich
FDK	Konferenz der kantonalen Finanzdirektorinnen und Finanzdirektoren
FinDel	Finanzdelegation
FR	Kanton Freiburg
Fr.	Franken
GB	Grossbritannien
GDK	Schweizerische Konferenz der kantonalen Gesundheitsdirektorinnen und -direktoren
GE	Kanton Genf
GL	Kanton Glarus
GR	Kanton Graubünden
Hosp.	Hospitalisierte/Hospitalisierungen
inkl.	inklusive
IPS	Intensivpflegestation
JU	Kanton Jura
KA	Kurzarbeitsentschädigung
KdK	Konferenz der Kantonsregierungen
KöV	Konferenz der kantonalen Direktorinnen und Direktoren des öffentlichen Verkehrs
KSBC	Krisenstab des Bundesrates Corona
Li	Liechtenstein
LU	Kanton Luzern
Lux	Luxemburg
Mia./Mio.	Milliarden/Millionen
MM	Medienmitteilung
MoU	Memorandum of Understanding (Absichtserklärung zwischen mehreren Verhandlungspartnern)
NE	Kanton Neuenburg
NR	Nationalrat
NW	Kanton Nidwalden
ok.	okay
ÖV	öffentlicher Verkehr
OW	Kanton Obwalden
PCR	Polymerase chain reaction (Polymerase-Kettenreaktion)
PLF	Polizeiliche Lage Fedpol
R	Reproduktionszahl

Ribonucleic acid (Ribonukleinsäure)	**RNA**
Staatssekretariat für Bildung, Forschung und Innovation	**SBFI**
Staatssekretariat für Wirtschaft	**SECO**
Kanton St. Gallen	**SG**
Kanton Schaffhausen	**SH**
Kanton Solothurn	**SO**
Stunden	**Std.**
Science Task Force	**STF**
Schweizerische Unfallversicherungsanstalt	**SUVA**
Kanton Schwyz	**SZ**
Kanton Thurgau	**TG**
Kanton Tessin	**TI**
Kanton Uri	**UR**
und so weiter	**usw.**
Kanton Waadt	**VD**
Volkswirtschaftsdirektorenkonferenz	**VDK**
Verordnung über die Einführung des freien Personenverkehrs	**VEP**
Variant of concern (besorgniserregende Variante)	**VOC**
Kanton Wallis	**VS**
Eidgenössisches Departement für Wirtschaft, Bildung und Forschung	**WBF**
Weltgesundheitsversammlung	**WHA**
Weltgesundheitsorganisation	**WHO**
Republik Südafrika	**ZAF**
Kanton Zug	**ZG**
Kanton Zürich	**ZH**

*Unsere Bücher finden Sie überall dort,
wo es gute Bücher gibt, und unter
www.woerterseh.ch*